フランスCNEによる
大学評価の研究

服部 憲児

大阪大学出版会

目　次

序章　大学評価をめぐる状況とフランスの大学評価

第1節　大学評価をめぐる問題状況 …………………………………………… 1
　　　1．大学評価の必要性　3
　　　2．大学評価の目的　4
　　　3．大学評価と競争原理　7

第2節　フランスの概要と先行研究 …………………………………………… 10
　　　1．フランスの大学評価の概要　10
　　　2．フランスの大学評価に関する研究　12

第3節　本書の課題と構成 ……………………………………………………… 18

第4節　フランスの高等教育制度──LMD制以前を中心に── ………… 20

第1章　CNEの設立とその活動

第1節　CNE設立の背景 ……………………………………………………… 25

第2節　CNEに関する法的枠組 ……………………………………………… 29
　　　1．高等教育法　30
　　　2．CNEの組織及び運営に関する政令　31

第3節　CNEの活動内容 ……………………………………………………… 33

第4節　CNEによる個別大学評価の方法論とその基本理念 ……………… 37
　　　1．「対話の精神（esprit de dialogue）」　38
　　　2．大学の自律性の尊重と
　　　　「証明の論理（logique de démonstration）」　41
　　　3．CNEの独立性と支援的評価　42

i

第2章　フランスにおける大学第1期課程の改革

第1節　フランスの高等教育の問題状況 ── 第1期課程教育を中心に ── … 47
1．大学における教育条件の悪化　48
2．大学第1期課程における技術バカロレア取得者の不本意就学
　　──「ねじれ現象」──　51
3．大学のイメージの悪さ　55

第2節　大学第1期課程の職業教育化 ……………………………… 56
1．機関新設による職業教育化　57
2．免状・コース新設による職業教育化　59
3．教育課程の改編による職業教育化　60
4．フランスの大学における職業教育化の特徴　62

第3節　学生の能力・適性に合わせた教育 ……………………… 63
1．「DEUG・リサンス・メトリーズに関する省令」
　　（1992年5月26日付国民教育省令）　63
2．情報提供と指導　64
3．モジュール制の導入　65

第4節　フランスの大学第1期課程改革の構造 ………………… 67

第3章　全国的高等教育政策とCNEの勧告

第1節　CNEによる大学第1期課程改善のための勧告 …………… 69

第2節　CNEによる改革の成果に関する評価 …………………… 71
1．制度的要因　72
2．教育上の要因　74

第3節　CNEによる新たな勧告 …………………………………… 76

第4節　1997年における省令改正 ………………………………… 78
1．「DEUG・リサンス・メトリーズに関する省令」
　　（1997年4月9日付国民教育省令）　78
2．CNEによる提言と1997年省令の内容　80

第 5 節　フランスの高等教育改革に対する CNE の大学評価の役割 ……… 82
　　　　１．CNE の活動と高等教育改革　　82
　　　　２．フランスの事例に見る大学の評価と改善　　84

第 4 章　個別大学の改善に対する大学評価の影響

第 1 節　個別大学評価報告書における CNE の勧告と大学の対応
　　　　── ヴェルサイユ大学の事例 ── ………………………………… 88
　　　　１．ヴェルサイユ大学評価報告書における CNE の勧告　　89
　　　　２．ヴェルサイユ大学における CNE 勧告への対応　　90
　　　　３．大学評価における CNE と大学との「対話」　　96
第 2 節　全学契約における CNE の個別大学評価の活用 …………………… 98
　　　　１．契約政策　　98
　　　　２．全学契約文書における CNE への言及　　99
　　　　３．CNE の勧告と全学契約の内容　　105
　　　　４．契約政策下における CNE の大学評価の影響　　106

第 5 章　CNE によるフランスの大学評価の成果と課題

第 1 節　CNE の活動に対する評価 …………………………………………… 109
第 2 節　CNE による評価の大学改革に対する役割と成果 ………………… 112
　　　　１．「対話の精神」と支援的評価　　112
　　　　２．CNE の目標とその達成度　　114
第 3 節　CNE による大学評価の限界と課題 ………………………………… 115
　　　　１．評価の範囲 ── 教育・研究プログラムの評価 ──　　115
　　　　２．インターネット上での公開　　116
　　　　３．評価が困難な大学　　117
　　　　４．評価の周期　　118
第 4 節　CNE による大学評価の改善 ………………………………………… 119

第 6 章　大学評価の有効活用に向けての新たな施策
　　　　　── 追跡調査の試み ──

　第 1 節　追跡調査の試行 …………………………………………………… 123
　　　　　1．追跡調査実施の背景　123
　　　　　2．追跡調査の方法　124
　第 2 節　追跡調査の事例 …………………………………………………… 127
　　　　　1．サン＝テチエンヌ大学の追跡調査　127
　　　　　2．ブルターニュ＝南大学の追跡調査　130
　　　　　3．ランス大学の追跡調査　134
　第 3 節　追跡調査の有効性 ………………………………………………… 137

第 7 章　CNE による個別大学の実践紹介

　第 1 節　全体報告書およびテーマ別報告書における
　　　　　実践例の紹介の概要 …………………………………………… 142
　　　　　1．個別大学の特徴的な取組を
　　　　　　　紹介することを目的とした記述　142
　　　　　2．特定のテーマについて論じる中で
　　　　　　　共通の要素を有する大学名をあげる記述　144
　　　　　3．評価活動に関する記述（方法論など）のプロセスで
　　　　　　　実践内容に言及する記述　145
　第 2 節　CNE による実践紹介の実例 …………………………………… 146
　　　　　1．現代語教育の実践紹介　146
　　　　　2．就職支援体制の事例紹介　149
　　　　　3．大学第 1 期課程の改善事例の紹介　153
　第 3 節　フランスの大学評価における実践紹介の位置づけ ………… 156

終章　大学改善に資する大学評価
　　　── フランス的特質とその課題 ──

　第1節　フランスの大学評価の特質 …………………………………… 159
　　　1．受容される評価　159
　　　2．個別大学の改善を促す評価
　　　　　　── 「対話の精神」と「証明の論理」──　161
　　　3．全国政策への提言　163
　　　4．実践知の共有化　164
　　　5．個と全体の相乗効果　165
　第2節　フランスの事例にみる大学評価の課題 ………………………… 166
　　　1．全国政策の策定に関する課題　166
　　　2．実践の共有化に関する課題　168
　　　3．個別大学の評価および改善をめぐる課題　169

あとがき　175

初出一覧　177

参考文献リスト　178

略号表　183

索　引　184

序章
大学評価をめぐる状況とフランスの大学評価

第1節　大学評価をめぐる問題状況

　ここ二十年来、我が国においては大学改革の必要性が各方面から強く主張され、大学に改善を促す最重要手段の1つとして大学評価が用いられている。特に1991年の大学設置基準の大幅改正により自己点検・評価の努力義務が規定されて以降、各大学において数多くの評価が実施されている。2009年度には全学的な自己点検・評価を実施した大学、実施結果を公表した大学とも9割を超えている[1]。政策レベルでも、1990年代以降の大学評価をめぐる動きは急速であり、自己点検・評価の努力義務化（1991年）、大学設置基準改正（1999年）による評価結果の公表の義務化、外部評価の努力義務化、大学評価・学位授与機構の設置（2000年）、そして認証評価の実施といった大学評価に関するさまざまな政策が実行されてきた[2]。

1）文部科学省高等教育局大学振興課「大学における教育内容等の改革状況について」（2008年）35頁。
2）喜多村和之「第三者評価機関の意味するもの」民主教育協会『IDE　現代の高等教育』No.420（2000年）11頁、清水一彦「大学評価の体系」山野井敦徳・清水一彦編『大学評価の展開』（東信堂、2004年）37～40頁。

このように、近年の日本の高等教育の現状をみると、少なくとも一定程度は大学評価文化が定着してきているといえよう。では、評価実施の次の段階はどうであろうか。元々大学評価は大学改革を促す１つの手段として導入されたものであるから、各大学がそれを有効に活用することで初めて効果を発するはずである。しかし、各大学は評価を改善に有効に結び付ける術を有しているとは言い難いのが現状であろう。今後は各種評価が大学の資金調達に、ひいては教育・研究活動に大きな影響を与えるようになり、大学評価の重要性がますます高まることも考えられる。したがって、より正当かつ客観的な大学評価の実施と同時に、それを改善に結び付けることが強く求められる。現代の大学問題の中では、大学評価がきわめて大きな位置を占めてきているのである。だからこそ、中枢的使命である教育や研究の時間を削ってまで評価を行うのはなぜなのか、そうまでして行った評価は有効であるのか、どのような形で行えば有効なものとなるのかが、厳しく問われることになる。

　大学評価をめぐっては、近年、国内外で研究が進められ、さまざまな観点から研究論文、調査報告、政策提言が出されている。それらを網羅的に整理しようとすると議論が拡散する恐れがあり、また枝葉末節にまで立ち入るといたずらに議論を複雑化してしまう恐れがある。そこで、ここでは上述の評価の意義や有効性を問う観点から、また、大学改善の観点から大学評価を考察するという本書の主題に大きく関連する基本的重要事項として、まずは、

１．大学評価の必要性
２．大学評価の目的
３．大学評価と競争原理

の３点を軸に大学評価をめぐる論点を次項から順を追って整理しておきたい。

1. 大学評価の必要性

　大学評価の必要性については、二者択一で言えば「必要である」との合意が形成されているといって差し支えなかろう。もちろん、ひとえに「大学評価が必要である」といっても、内部評価や自己点検・評価は肯定するが外部評価や第三者評価は否定するもの、逆に内部評価や自己点検・評価では不十分であり外部評価や第三者評価が必須であるとするもの、アメリカ合衆国のアクレディテーション（基準認定）のような方式を推奨するもの等、その内容は多様である。ただ、さまざまな立場・視点から現行の大学評価政策に対して批判的な立場を取っている論者[3]でも、大学評価が必要であること自体は認めている。とりわけ近年においては、むしろ、現代の大学に何らかの評価が必要であること自体を否定する論がほとんど見られないほどである。

　大学評価が必要とされるようになった理由については、すでに先行研究で明らかにされている。それらにおいて指摘されている事柄を整理すると、

① 「財政難」（国家の財政難のため資源の合理的・重点的配分が求められ、大学にも評価が必要とされる）[4]
② 「国際競争」（グローバル化の中で国際競争力や国際的通用性を付けるよう、大学に変革を要求するために評価が求められる）[5]
③ 「教育・研究機関の本質」（「学問の府」である大学は不断に自己評価をすべ

---

[3] 喜多村和之『新版 大学評価とは何か ── 自己点検・評価と基準認定 ──』（東信堂、1993年）、佐藤春吉・千賀康利・林昭・細井克彦編『大学評価と大学創造 ── 大学自治論の再構築に向けて ──』（東信堂、1998年）。

[4] 喜多村和之、前掲書（1993年）、10頁、喜多村和之、前掲書（2000年）、10頁、喜多村和之「大学評価と資源配分政策」喜多村和之編『高等教育と政策評価』（玉川大学出版部、2000年）268頁、H. R. ケルズ『大学評価の理論と実際 ── 自己点検・評価ハンドブック ──』（東信堂、1998年）194頁、など。

[5] 有本章「大学評価の理論と方法」山野井敦徳・清水一彦編『大学評価の展開』（東信堂、2004年）9頁、喜多村和之、前掲書（1993年）、7～9頁、喜多村和之、前掲書（玉川大学出版部、2000年）、268～269頁、H. R. ケルズ、前掲書、194頁。

きであり、責任遂行の証明の手段が大学評価である）[6]
④「情報需要」（世間一般の大学情報に対する需要増大のため、大学評価を実施して情報を広く公表することが求められる）[7]

の概ね4点に集約される。

これら4つの理由には、「質を高める」という観点が共通してみられる。また、そのためには「質の悪いものの淘汰」も有り得るとする意図も一部には読み取ることができる。大学評価を必要とする理由は当然ながらその目的と密接に結び付くことになるので、次項に示す大学評価の3つの目的においても同様にこのような視点をみることができる。

2．大学評価の目的

大学評価の目的は、先行研究により必ずしも一定ではないが、主たるものとして(1)大学改善、(2)説明責任、(3)予算配分の3点に要約することができる。

(1) 大学改善

大学改善が大学評価を行う最優先の目的であることは自明といっても良かろう。多くの大学評価論において、大学改善（教育・研究の向上等を含む）は大学評価の目的としてあげられており[8]、むしろそれを目的とすることを

---

[6] 有本章「研究評価と大学組織」喜多村和之・関正夫・有本章・金子元久『大学評価の理論的検討』（広島大学大学教育研究センター、1991年）52頁、有本章、前掲書（2004年）、10頁、早田幸政『大学評価システムと自己点検・評価——法制度的視点から——』（エイデル研究所、1997年）125頁。

[7] 喜多村和之「大学評価の可能性」喜多村和之・関正夫・有本章・金子元久『大学評価の理論的検討』（広島大学大学教育研究センター、1991年）4〜5頁、喜多村和之、前掲書（1993年）、13頁、山本眞一「大学評価を考える視点」日本高等教育学会編『高等教育研究』第3集（玉川大学出版部、2000年）8〜11頁。

[8] 有本章、前掲書（1991年）、52頁、金子元久「大学評価のポリティカル・エコノミー」日本高等教育学会編『高等教育研究』第3集（玉川大学出版部、2000年）25〜26頁、喜多村和之、前掲書（1993年）、137〜139頁、新堀通也「大学評価の理

否定する論を探す方が難しい。わざわざ時間と労力を費してまで大学評価を行うのは、それを実施した方が実施しないよりも大学の生産性が向上するとの仮定に立つからである。評価をすることによって問題点や課題が明らかになり、それを改善することで、より高次元の教育・研究活動が実現され、より効率的な運営が可能になり、費やした時間と労力を差し引いても評価をしないで現状を維持した場合よりも最終的にはプラスになるからこそ、評価を実施する価値が出てくるのである。そうでなければ大学評価は単なる浪費でしかないことになる。

(2) 説明責任

説明責任も重要な目的として挙げられることが多い[9]。そのこと自体は否定しないが、説明責任という目的を果たすことは、大学改善ほどは難しくないと考える。説明責任は、極端な話をすれば、投入された資源に見合った成果の有無、また説明された内容が問題となる。少々楽観的かもしれないが、「大学評価即賞罰」という愚策が採られない限り、基本的には大学評価に基づく大学改善がなされていれば、説明責任を果たすこと自体は決して難しいことではなかろう。

また、別の視点でいえば、説明責任は教育・研究活動等に怠慢がないかチェックするもので、投資と成果との観点で一定基準を上回っているか、端的に言えば最低限を満たしているかどうかが重要なポイントになる。これに対して大学改善はより高所を目指すもので、究極的には教育・研究活動等において最高次元を目指そうとするものである。いわば前者は消極的

論的検討」新堀通也編『大学評価 —— 理論的考察と事例 ——』(玉川大学出版部、1993年) 104～105頁、寺﨑昌男『大学の自己変革とオートノミー』(東信堂、1998年) 56頁、A. I. フローインスティン『大学評価ハンドブック』(玉川大学出版部、2002年) 26～27頁、H. R. ケルズ、前掲書、29～31頁、など。
9) 有本章、前掲書 (2004年)、5頁、新堀通也、前掲書、55頁、米澤彰純「高等教育評価論」有本章・羽田貴史・山野井敦徳編『高等教育概論』(ミネルヴァ書房、2005年) 134頁、など。

な目的であり、後者は積極的な目的である。教育・研究機関としての大学が後者を目指すべきことはいうまでもない。言い換えれば、後者が達成されれば自ずと前者は達成できるはずである。

さらに、説明責任を大学評価の目的として前面に押し出すことは、大学改善を損なわせる可能性もある。すなわち過度に説明責任が重要視されると、大学は短所を隠そうとする行動に出るかもしれない[10]。これでは大学改善が起こる可能性は減退してしまう。逆にいえば、大学改善が達成されるならば、そのことにより大学が短所を隠そうとする危険性は、消滅とまではいかなくても減少するであろう。高等教育品質保証機関国際ネットワーク（International Network for Quality Assurance in Higher Education）会長（当時）のリチャード・ルイスは、第三者評価による質保証について「説明のための質保証から、向上のための質保証への重点の転換」が重要な課題となると述べている。その上で、「説明責任を果たすために必要となる努力が、何らかの形で質の向上のための時間と資源を奪うのならば、説明責任のための質保証制度の多くが質の向上を妨げることになる」として、説明責任よりも改善の方が重要であるとしている[11]。

(3) 予算配分

予算配分を目的とすることについては、多くの論者が批判的または慎重である[12]。大学評価と予算配分とを結び付けようとするのは一般に政府側

---

10) A.I. フローインスティン、前掲書、77 頁。
11) Richhard Lewis, *The Nature and Development of Quality Assurance in Higher Education - what is changing and what is remains the same*, 広島大学高等教育研究開発センター編『21 世紀型高等教育システム構築と質的保証――第 34 回（2006 年度）研究員集会の記録――』（2007 年）、28 頁。
12) 伊藤彰浩「大学審議会答申と高等教育政策」喜多村和之編『高等教育と政策評価』（玉川大学出版部、2000 年）142 頁、今井重孝「大学自治と大学評価」山野井敦徳・清水一彦編『大学評価の展開』（東信堂、2004 年）、192 頁、金子元久、前掲書、39 頁、喜多村和之、前掲書（玉川大学出版部、2000 年）、270〜275 頁、小林雅之「報償体系と大学評価」山野井敦徳・清水一彦編『大学評価の展開』（東信堂、2004 年）、222 頁、など。

であることが多い。評価による予算配分が高等教育予算のどの程度の割合を占めるのか、どの程度の額に達するのかにもよるので一概にはいえないが、大学がこれを積極的に望むことは多くなかろう。多くの国で国家の財政状況が厳しくなり、以前のような高等教育への大量の資金投入は困難になっているので、効率的かつ重点的に予算配分をしたいという意図自体はまったく分からないでもない。しかし、大学評価の目的としての予算配分は、大学改善を損なわせる危険性を有するものである。

　大学評価と予算配分がリンクされるようになると、説明責任のところでも指摘したように、大学が短所を隠そうとする行動に出る可能性が高まる[13]。大学評価の過程で粉飾や不正が起こるかもしれない――不正はもちろん行う者が一番悪いのであるが……。予算削減が大きければ大きいほど当該機関の活動維持に支障を来すことになり、説明責任の追及よりも現実的に淘汰・排除される危険性にさらされるので、その可能性はいっそう高いかもしれない。また、予算配分と評価の連動は、それが一種のランキングになる。つまり、予算配分額による大学のランク付けである。これもやはり長所の誇張と短所の隠蔽を誘発する材料にもなるし、さまざまな評価の構成要素が最終的にそこに集約されるとなれば、評価結果の各部分の持つ意義が損なわれてしまうであろう[14]。さらに、「評価システムを形骸化させる知恵は、いくらでもある」[15]と指摘されるように、評価の意義を顧みずに高評価を得ることが自己目的化する危険性も大いにあるのである。

3．大学評価と競争原理
(1) 競争原理を前提とした大学評価

　大学評価によって大学改革を推し進めようとする政策は、少なくとも表向きは、評価を導入することで競争原理が働き、大学が切磋琢磨すること

---

13) 新堀通也、前掲書、104～105頁、A.I.フローインスティン、前掲書、56～58頁。
14) A.I.フローインスティン、前掲書、120頁。
15) 米澤彰純、前掲書、135頁。

で教育・研究の質が向上することを期待している。日本において政策レベルで大学評価を方向付けてきた文部科学省の大学審議会においても、この点をみることができる。同審議会の答申「21世紀の大学像と今後の改革方策について ―― 競争的環境の中で個性が輝く大学 ―― 」(1998年) においては、第三者評価機関の設置とともに、「大学の教育研究の個性を伸ばし、質を高める適切な競争を促進し、効果的な資源配分を行うため、きめ細かな評価情報に基づき、より客観的で透明な方法によって適切な資源配分を行う必要がある」とされている。この答申に対しては、競争を資金獲得に特化していることについて、財政的な観点のみで論じられている点や、これまで実施してきた自己点検・評価に対する科学的な検証なしにその効果を否定している点などの問題が指摘されているが[16]、ここでは大学評価と競争原理とが結び付けられていることを押さえておきたい。同じような観点は経済界にもみられる。経済戦略会議の答申「日本経済再生への戦略」(1999年) においては、安易に予算との絡みで大学評価が論じられているという問題はあるが、やはり評価はインセンティブを働かせるものとして、競争原理と結び付けて考えられている。

外国においても競争を前提とした大学評価は多くみられる。その代表例は、サッチャー政権下での補助金削減をきっかけに大学評価が始まったとされるイギリスである。同国では、第三者機関の評価に基づく予算配分が大々的に行われており、大学は厳しい予算獲得競争にさらされている[17]。一方、フランスにおいては、逆に大学評価と予算配分とを結び付けることには慎重であった。しかし、1980年代の大学をめぐる議論においては、大学評価の導入によって競争原理が働き、大学改革が促進されることが期待されていたと、フランスの高等教育に関する先行研究において指摘されている[18]。このように、政策レベルでは、予算配分とのリンクが明確である

---

16) 喜多村和之、前掲書 (玉川大学出版部、2000年)、270〜273頁。
17) 秦由美子編『新時代を切り拓く大学評価』(東信堂、2005年)。
18) 本間政雄「フランスにおける大学評価の新展開」民主教育協会『IDE 現代の高等教育』No.401 (1998年) 44頁。

にせよないにせよ、大学評価の導入により競争原理が機能することが期待される場合が多く、少なくとも理論レベルでは大学評価と競争原理に親和性が強いことがわかる。

(2) 評価の受容の必要性について

　政策的には大学評価を導入することで競争原理が働いて、各大学の改革が進むことが期待されるとしても、実際には予定調和的に事が進むとは限らない。大学評価の導入は「大学に競争原理を働かせ淘汰的機能を果たしうる仕組みを持ち込んだ」[19]ものだとの批判もある。先に大学評価の目的の部分で指摘したように、高評価を獲得することが自己目的化したり、強迫的に保身を考えるあまりに不正を行う可能性が生じるかもしれない。そのような機能不全の可能性を排除するためには、当事者が大学評価の有益な側面を理解し、それを活かしていくことが必要になる。

　大学評価の目的において大学改善を最重視するという立場に立てば、いかにして両者を結び付けるかが最重要の課題となる。そのためには、一方では適切な技法（評価の基準、分析方法、測定法など）によって評価が行われることが[20]、他方では実施された評価結果が受け入れられることが必要になる[21]。すなわち、大学評価が大学改善へと繋がる前提条件として、評価の測定技術の問題と評価の受容性の問題とがクリアされなければならない。前者については、評価技術が十分に確立されていない現段階においては、まずは技法の開発の基礎となる試行の蓄積が必要であると思われるので、ここでは後者について少し考えてみたい。

---

19) 細井克彦「現代日本社会と新しい大学像の探求」佐藤春吉・千賀康利・林昭・細井克彦編『大学評価と大学創造——大学自治論の再構築に向けて——』（東信堂、1998年）、39〜40頁。

20) 塚原修一「高等教育政策における評価の問題」喜多村和之編『高等教育と政策評価』（玉川大学出版部、2000年）42頁、A. I. フローインスティン、前掲書、36〜41頁。

21) 新堀通也、前掲書、95〜96、107〜108頁。

評価の受容性が問題となるのは、外部評価や第三者評価の場合であろう。もちろん、大学側が不当だと思うような評価では、それが受容されることはない[22]。したがって、それをもとにして大学が真に改善に取り組むことは考えにくく、何か行動が起こされたとしても形式的なものや見せかけだけのものに終わってしまうかもしれない。また、当該大学の人的・物的能力を越えるような要求がなされても、当然それには応えられないのであるから、大学改善を目指す観点からは無意味である[23]。要するに、敵対的評価や大学の現実を考慮しない評価は大学改善に結び付かないのであり、勧告という成果はあったが実行されなかった評価は失敗なのである[24]。そのような評価を避けるためには、評価者と被評価者が目的を共有すること、そして評価の諸過程において両者がコミュニケーションを図ることが必要となろう。

第2節　フランスの概要と先行研究

次に、上述の事柄をふまえつつ、フランスの大学評価に関する概要を示し、先行研究の整理を行いたい。

1. フランスの大学評価の概要

フランスでは、大学評価に関しては、特に1980年代初頭から大学改革の必要性が強く指摘され、1984年に全国大学評価委員会（Comité national d'évaluation、以下「CNE」と略す）を設立することで全国レベルでの本格的な第三者評価を開始した。CNEの活動は20年以上にも及んでおり、この

---

22) 天野郁夫「大学評価の新段階」民主教育協会『IDE 現代の高等教育』No.442（2002年）10頁、今井重孝、前掲書、196頁、新堀通也、前掲書、95〜96頁、107〜108頁、H.R.ケルズ、前掲書、26頁。

23) 田中弘允「大学評価に期待する」民主教育協会『IDE 現代の高等教育』No.420（2000年）19頁。

24) H.R.ケルズ、前掲書、167頁。

間にフランス国内（海外県を含む）のすべての大学を個別に評価してきた。また、CNE は大学以外の高等教育機関や研究機関等の個別評価も行っている（以下の記述においては、特別の必要のない限り、大学および高等教育機関を総称して「大学」、これら機関の評価を「大学評価」と記する）。さらに、これらの個別大学・高等教育機関の評価から得られた知見をもとに、全体報告書やテーマ別報告書も多数作成・刊行している。

　個別大学の評価においては、各大学の内部評価に基づいて CNE の専門委員が外部評価を行い、評価報告書の中で当該大学に対して勧告を行うという形式になっている。個別大学評価報告書は公表されることになっているので、CNE による勧告の内容は知ることができる。しかしながら、勧告を受けて大学がどのように対応したかは報告書からは知ることができない。各大学は、それを少なくとも一定程度何らかの形で改善に結び付けているものと推察されるが、評価・勧告への対応の仕方や程度については明らかでない。この点について、対応がなされない場合の理由も含めて分析・検討することにより、大学評価が大学改善に効力を発揮する（あるいは発揮しない）要因を知る手がかりになると考える。

　全体的な報告書においては、全国的な高等教育の課題について分析を行い、それに対する政策提言を行っている。フランスの高等教育政策には、CNE が提言した内容と同じ方向性を持つものも多い。また、全体報告書あるいはテーマ別報告書において、全国的な高等教育課題への各大学の取組の紹介なども行っている。これらの報告書はすべて公刊されているので、他大学の取組を参照することも可能な仕組みになっている。このように、CNE の評価活動は、個別大学と CNE との関係の集合体に留まるものではなく、全国的な大学・高等教育の改善に対しても開かれている。ただしこれは、CNE の提言がすべて高等教育政策として有効に機能していることを意味するものではない。また、CNE が紹介した実践例がすべて各大学に普及しているのでもない。しかしながら、この活動のメカニズムないしは構造を解明することにより、大学評価が大学改善に有効に機能する（あるいは機能しない）要因、大学改善に対する大学評価の可能性を明らかにする手が

かりを得ることができよう。

　いずれにせよ、フランスでの CNE による大学評価の経験は、大学改善に結び付く、より的確な大学評価の方途を探究する上で、肯定的な面にせよ否定的な面にせよ、参考になると考える。

2．フランスの大学評価に関する研究
(1) 初期段階における研究

　フランスの大学評価に関する研究はフランス国内では必ずしも多くはない。むしろ CNE が刊行する各種報告書（とりわけ全体報告書やテーマ別報告書）における分析や考察が研究的機能を合わせ持っており、その活動とその成果を知る上できわめて有効であるとともに、フランスの大学評価の到達点や課題を明らかにする重要な資料となっている。さらに、これら報告書は、大学評価に留まらず、フランス高等教育の全体的動向を知る上でも貴重な資料である。ただ、これらに研究的要素があり、方法論などについても考察がなされているとはいえ、必ずしも体系的な研究とはいえない。また、それらは自ら行った評価に対する考察であるため、純粋な研究というよりはむしろ自己評価に近いといえる。

　もちろん CNE 自身によるもの以外にもフランスの大学評価に関する文献は存在している。それらは純粋な体系的研究というよりは、さまざまな立場からの大学評価に対する言及や提言といった感が強い。

　まず、フランスで大学評価が導入される際に、その必要性を論じて主導的な役割を果たしたローラン・シュバルツ（当時エコール・ポリテクニック教授、後に初代 CNE 委員長）の著作がある。その著書 *Pour Sauver l'université*（『大学を救うために』）において、フランスの高等教育・研究が取るべき方向性を多面的に論じる中で、評価についても言及がなされている。そこでは「評価はフランスの大学の救済の機会である」と捉えられており、「大学内に定期的な評価を行う機関を設置して、教員が行う研究の全体レベルを認識できるようにし、同時に我々の自然発生的自己満足傾向の不都合を取り

繕うことが急務である」と主張している[25]。そして、「評価の実践によってもたらされる透明性は、フランスの高等教育・研究の現実を世論に対して知らしめる手段の1つであり、その結果、大学を救う可能性があるのである」[26]として、評価により大学における教育・研究の改善が進むことを期待し、大学評価を導入する必要性を説いている。その後、同氏はCNE委員長を務めた後も大学評価に対するさまざまな提言を行っている。一方ではフランスの大学評価の成果として、CNEが大学に対して命令ではなく勧告を行うという形を取ったことや、安易な大学間比較を行わなかったことにより、CNEの評価が大学に受け入れられたこと[27]、評価の導入により大学が自己認識のための統計的データを整備したこと、CNEが大学・高等教育をめぐる変化の原動力になったこと[28]等をあげている。逆に、課題および今後の方向性については、評価に厳しさが必要とされること[29]、評価の成果を行政機関も大学もいっそう活用すべきこと[30]を指摘している。

次に、フランスにおける大学評価の比較的初期段階の総括を行った文献として、OECD編『高等教育における評価と意思決定過程──フランス、スペイン、ドイツの経験──』（OCDE ed., *Evaluation et processus de décision dans l'enseignement supérieur: expériences en Allemagne, Espagne et France*, Paris, 1994）がある。同書においては、仏・西・独3カ国の実践比較という枠組の中で、フランスの大学評価に対する検討が行われている。そこでは、大学評価の基本理念として、評価は大学の自治を侵害するものではなく、

---

25) Laurent Schwartz, *Pour Sauver l'université*, Seuil, Paris, 1983, pp.42-44.
26) *Ibid.*, pp.51-52.
27) Laurent Schwartz, "L'Evaluation", Pierre Merlin & Laurent Schwartz, *Pour la Qualité de l'université française*, PUF, Paris, 1994.
28) Laurent Schwartz, "Les Changements dans les universités au cours de l'évalution par le Comité national d'évaluation", Groupe de travail présidé par Michel Crozier, *L'Evaluation des performances pédagogiques de établissements universitaires*, La Documentation française, Paris, 1999.
29) Laurent Schwartz, *op.cit.*, 1994.
30) Laurent Schwartz, *op.cit.*, 1999.

むしろそれに実質的な意味を与えるものであること、評価はCNEと大学との継続的な「対話」を基本として進められること等が述べられている。また、当時すでに明らかになってきた大学評価の課題として、評価者の選定の問題や大学間格差などが指摘されるとともに、個別大学の実践例や新たな取組み等が紹介されている[31]。

　ここで示したシュヴァルツとOECDによるフランスの大学評価に関する研究は、一定の成果を示してはいるものの、それらがフランスにおける大学評価導入後の比較的初期段階で行われたこともあり、その有効性を十分に検証するには至っていない。それらは改革に対する大学評価の効果を体系的に分析したり、より適切な方法論を科学的に探究していくというよりも、どちらかというと新しい制度である大学評価の普及・定着をはかることが中心的・優先的課題であったと捉えるべきであろう。もちろん、制度上の課題も指摘されてはいるが、まさに評価に携わっている者によって書かれたものであるため、研究的要素よりも実践報告的要素が強いといえる。

(2) 日本における先行研究

　CNEを中心とするフランスの大学評価に関しては、日本においても注目度は高く、関連する文献も多い。そのレベルは雑誌記事的な文章から純粋な研究まで多様であり、フランスの制度を中心に据えているものもあれば、大学評価の世界的動向の1つとしてフランスに言及するに留まるものまでさまざまである。先行研究として、フランスの大学評価を主題として取り扱い、研究論文の体裁を取っているものを中心に紹介すると、いち早くCNEに着目したものとしては、手塚武彦の研究[32]がある。これに続いて、

---

31) OCDE ed., *Evaluation et processus de décision dans l'enseignement supérieur: expériences en Allemagne, Espagne et France*, Paris, 1994. 同書の日本語訳は、OECD編（拙訳）『高等教育における評価と意思決定過程──フランス、スペイン、ドイツの経験──』（広島大学大学教育研究センター、1997年）。

32) 手塚武彦「フランスにおける大学の評価」飯島宗一・戸田修三・西原春夫編『大学設置・評価の研究』（東進堂、1990年）。

小野田正利[33]、夏目達也[34]、石村雅雄[35]らが、CNEを取り扱った論文を発表している。

　これらフランスの大学評価に関する日本の研究論文においては、CNE設立後の比較的初期の段階を中心に、大学評価導入の背景、CNE設立の経緯、法制度、評価の性格、組織（委員・専門委員など）、評価基準、評価手順・スケジュール、評価報告書の記載内容などの基本的事項が広範に紹介され、それに基づく考察がなされてきた。これらの研究はCNEの活動や意義を初期段階で解明する上では確かに有効であった。しかしながら、時期的な限界はあるとはいえ、次の2点の課題を残すものであったことを指摘せざるを得ない。まず第1に、CNEによる評価の目的は大学・高等教育の改善にあり、評価はそれ自体が目的ではなく大学改善に資するものでなければならないという重要な点への意識が不十分である。もちろん、この点がまったくないのではないが、それが中心的検討課題にはなり得ていなかった。第2に、CNEの最も中核となる活動が個別大学の評価であり、それによって各大学が改善することが指向されているにもかかわらず、先行研究における個別大学に対する着目は不十分であった。すなわち、CNEの評価と全国政策との関係等については論じられているが、個別大学評価の有効性に関する検討が十分になされていない。今後の研究においては、これらの課題を克服する必要がある。この点に関しては、2000年代前半までのフランスの大学評価・CNEの動向を視野に入れている岡山茂の研究[36]に

---

33) 小野田正利「フランスの大学評価」桑原敏明研究代表『大学評価に関する総合的比較研究』（1997年）。
34) 夏目達也「現代フランスにおける全国大学評価委員会の活動と大学改革」桑原敏明研究代表『大学評価に関する総合的比較研究』（1997年）。
35) 石村雅雄「フランス全国大学評価委員会の活動について──大学教育への影響を中心に──」『関西教育学会紀要』第18号（1994年）、石村雅雄「フランス全国大学評価委員会活動下の大学教育改革について」京都大学高等教育教授システム開発センター編『京都大学高等教育研究』創刊号（1995年）。
36) 岡山茂「フランスにおける大学評価──CNE（全国大学評価委員会）の役割をめぐって──」大学評価学会編『現代社会と大学評価』創刊号（晃洋書房、2005年）。

おいても十分に克服されてはいない。

(3) CNEに対する2つの評価

　比較的近年においても、必ずしも体系的なものではないが、CNEの活動に関して言及している研究や報告書はいくつか存在している。しかしながらそこでは、CNEによる大学評価に対する評価は分かれている。

　まず、フランス会計検査院は、独自に行っている教育制度の評価の中で、相当のスペースを割いてCNEの活動について言及している。そこでは、CNEの活動の成果について以下のように述べられている。

> 「1984年以降、CNEの創設により、高等教育の評価の道が開かれた。CNEは管轄下の全公施設法人を4年ごとに評価することを求められていたので、その使命および調査範囲は非常に広くなっている。CNEは、この枠組の下で、機関の統制、組織・管理運営を広く調査し、かくして構成部局の独立志向に直面する全学決定機関の確認に有効に寄与した。CNEは、学生生活あるいは国際活動のような、これまでほとんど調査されていなかった領域にも大きな力を割いた。そして、CNEは数年来、批判的ではあるが建設的な比較を可能にする、コース間の横断的評価を行っている。」[37]

> 「評価文化を発展させるためのCNEの尽力は、この観点で全精力を注ぐフランスで唯一の機構であるだけに、いっそう評価に値する。」[38]

　ここではCNEの活動は好意的に評価されているといえよう[39]。とりわけ、

---

37) Cour des comptes, *La Gestion du système éducatif*, Les Editions des Jounaux officiels, Paris, 2003, p.334.
38) *Ibid.*, p.335.
39) 評価指標（とりわけ費用に関するもの）を規格化すること、教育・養成の評価を強化すること等の改善の必要性や、行うべき活動に見合った人的資源を欠いていること

CNE がフランスの高等教育の実態を明らかにするのに大きく貢献したこと、構成部局単位ではなく全学的レベルでの意思決定という視点を大学に対して意識させるようにしたこと、そして大学評価という文化を定着させようとしていることに対して、高い評価が与えられている。また、フランソワーズ・デュポン＝マリリアは、CNE の活動について、「CNE は結論を作成し、勧告を行う。それは機関に対して強制的な効力を持たないが、実行されている」と述べ、CNE による大学評価が大学改善に活かされていると指摘している[40]。

これに対して、CNE に否定的な見方をしている者もいる。C. ミュスランは「CNE に関しては、その使命を続けることができたが、期待された効果を発揮することはなかった。影響力がなかったからこそ容易に存続できたと言わざるを得ない」[41]と論じている。国内の研究者では、大場淳がミュスラン等を引用しながら「CNE の評価を受けた大学についても、報告書を活用し本格的な改革に取り組むことができたのはほんの一握りに過ぎず、CNE の影響は限定的であったとされる」と述べ[42]、また、岡山茂は「大学評価のための積極的な活動、機関別アプローチによる方法論ノートの作成、個別評価報告書は、所轄庁の運営方式に対してほとんど重大な影響を与えなかった」とするミュスランの主張を引用しながら[43]、それぞれ大学や行政機関に対する CNE の影響力に疑問を呈している。これら 3 者は、上記の会計検査院やデュポン＝マリリアとは対照的に、いずれも CNE の大学評価に対して懐疑的である。

このように評価が 2 つに分かれるということは、少なくとも、CNE の活

　　等の課題も指摘されている。
40) Françoise Dupont-Marillia, *Institutions scolaires et universitaires*, Gualino éditeur, Paris, 2003, p.52.
41) Christine Musselin, *La Longue marche des universités françaises*, PUF, Paris, 2001, p.181.
42) 大場淳「フランスの契約政策と全国大学評価委員会（CNE）──日本の国立大学法人化と大学評価との比較──」『日仏教育学会年報』第 12 号（2006 年）29 頁。
43) 岡山茂、前掲書、99 〜 103 頁。

動には積極的に見える面と消極的にしか見えない部分とがあることを意味している。評価が分かれる理由をCNEの活動に即して考察することは、本書における重要な作業の1つになる。というのも、これらを分析する過程は、CNEの活動の意義と課題を明らかにすることであり、その作業が大学評価の有効性と限界を明らかにすることに繋がると考えるからである。

第3節　本書の課題と構成

　以上に述べてきた事柄を踏まえて、本書の研究対象であるフランスの大学評価制度を考察するにあたり、留意すべき点を整理しておきたい。まず、CNEによる第三者評価の目的は大学・高等教育の改善であるという点である。評価はそれ自体が目的ではなく大学改善に資するものでなければならない。したがって、評価と改善を関連づけて捉える必要性がある。また、大学・高等教育全体の改善は個々の大学改善なくしては達成できない。したがって、大学評価の個別大学の改善に対する効果ないしは影響を考察する必要性がある。本書は、先行研究において十分に論じられなかったこれらの点を考慮するものである。

　次に、CNEの大学評価に対しては、肯定的論調と否定的論調とがある点である。前者はCNEの活動の質の高さを評価するものであり、後者はCNEの活動の効果に対して疑問を投げかけるものである。このことは、CNEの活動には注目に値する高質の部分と上手く行かなかった部分とがあることを推察させる。したがって、CNEの大学評価の本質を見極めるには、それぞれがどのようなものであるのかを考察する必要がある。もっとも、CNEによる大学評価に対する総体としての効果の検証は難しい作業であるが、CNEが目指したもの、その活動に見られる論理構造、その意義と可能性を明らかにすることは可能であると考える。また、活動の質が高いとすれば、仮に効果が期待通りの十分なものでなかったにしても研究対象とする価値はある。というのも、むしろその課題を明確化することが、大学評価のあり方を検討する有効な材料となるからである。

以上より本書においては、大学改善にとって有効な大学評価のあり方を探究する立場から、20年にわたる実績を有するフランスの大学評価およびその中心的機関であるCNEの活動を主たる対象とし、その目的、方針、活動内容、影響力を中心に総合的に分析を行う。具体的には、本書においては以下の3つの作業を行う。

　第1に、フランスの大学評価が何を目指し、どのような考え方に基づいて、どのような活動を行ってきたのか、大学評価において競争原理はどのように位置づけられているのかを明らかにする。そのために、CNEが設置されるに至った経緯や背景、CNEの基本理念および活動内容、評価の方法論や手続きの分析を行う（第1章）。

　第2に、大学評価が大学・高等教育全体および個々の大学の改善に対して与えた影響、ならびに大学改善に対する大学評価の有効性を考察する。そのために、フランスの高等教育が抱える問題状況を整理し（第2章）、それらの克服のために全国的高等教育政策にCNEが与えた影響について検討し（第3章）、個別大学の改善におけるCNEによる大学評価の有効性（第4章）、および大学評価をより効果的に活用するための方策を分析する（第5章～第7章）。

　第3に、以上の作業を踏まえて、大学評価の領域におけるフランスの特質や特徴、ならびに残された課題や解決すべき問題点を解明する。さらに、フランスの大学評価に関する分析・考察をもとに、大学改善に対する大学評価の有効性、有効に機能させるために必要な条件、改善志向の大学評価における競争原理の位置付けといった、大学評価と大学改善を関連づけて捉える場合の重要な論点について検討を行う（終章）。

　なお、CNEは法改正により2007年から全国研究評価委員会（Comité national d'évaluation de la recherche）、科学・技術・教育特命団（Mission scientifique, technique et pédagogique）を統合してAERES（Agence d'évaluation de la recherche et de l'enseignement supérieur：研究・高等教育評価機構）に改組された。AERESの評価憲章（Charte de l'évaluation）によれば、「評価は勧告を伴うもので、高等教育および研究の質を改善し、世界的な知識の増

大の中でフランスの占める役割と地位を強化することに貢献する」[44]とされている。この新機構について論じるには時期尚早であることから、本書はCNEの設立から改組前まで、すなわち1980年代前半から2005年頃までを主たる分析対象とする[45]。

第4節　フランスの高等教育制度
―― LMD制以前を中心に ――

ここで本論に入る前に、フランスの高等教育制度について、簡単に説明しておきたい。フランスの大学では、2005年度より欧州高等教育圏構想の一環としてLMD制（3-5-8制）が導入されている。しかし、前節までに示した本書の研究対象時期の大半は、導入前の旧体制下である。そのため、以下の記述においては、LMD制導入前の制度を中心に論じている。

フランスの高等教育制度は、図1に示されるように、さまざまな機関が存在しており非常に複雑である。高等教育機関の分類方法も複数考えられるが、ここでは修学年限と選抜性の観点から、

①大学
②短期高等教育機関
③グランゼコール・CPGE（Classe préparatoire aux grandes écoles：グランゼコール準備級）

の3種類に分類して概要を示すことにする。なお、図1に示される各種学校[46]については、きわめて多種多様な学校を含んでおり、その多くは小規

---

44) AERES, *Rapport d'activité 2007*, 2008.
45) 改組後の動向については、大場淳編『フランスの大学評価』（広島大学高等教育開発研究センター、2009年）参照。
46) 学校教育法で規定される日本の「各種学校」とは性格が異なる。

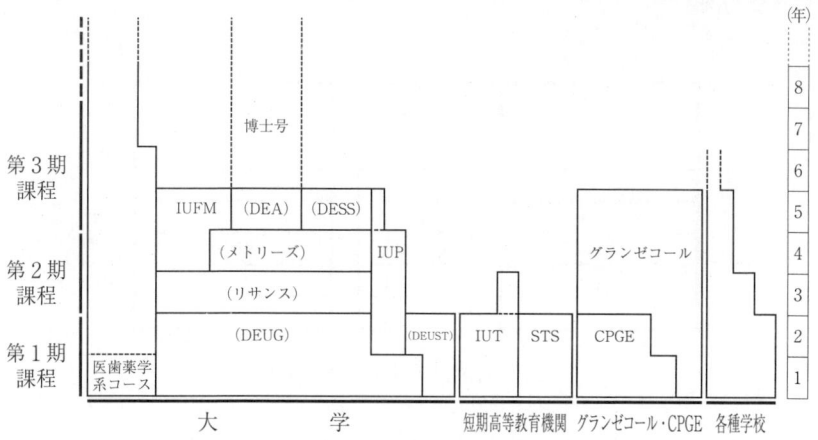

図1. フランスの高等教育

※「大学」のうち、医歯薬学系コースと附設機関（IUFM・IUP）以外の部分については、取得できる免状にしたがって内部区分を表記している。なお、免状名は（ ）で表記した。右端の柱は年数を示す。

模校であることから、以下の記述においては割愛する[47]。

第1のカテゴリーの大学（国立）は全国に約80校あり、学生数は約130万人である。LMD制導入後は、大学3年、5年、8年の修了時にそれぞれリサンス（学士：licence）、マスター（修士：master）、ドクター（博士：doctorat）の学位が授与されることになっている。2005年よりも前のシステムでは、大学教育は最初の2年間の第1期課程、次の2年間（3・4年次）の第2期課程、それ以降（5年次以降）の第3期課程に分かれ、第1期課程修了時（2年目修了時）にDEUG（Diplôme d'études universitaires générales：大学一般教育免状）またはDEUST（Diplôme d'études universitaires scientifiques et techniques：大学科学・技術教育免状）、3年目修了時にリサンス、4年目修了時にメトリーズ（maîtrise）がそれぞれ取得できた。5年目修了時においては、博士号取得の基礎資格となる研究志向のDEA（Diplôme d'études

---

47) 各種学校も含むフランスの高等教育制度については、松坂浩史『フランスの高等教育制度の概要——多様な高等教育機関とその課程——』（広島大学大学教育研究センター、1999年）において詳しい。

21

図2．新体制（LMD制）移行図

※本稿執筆時点ではまだ旧免状と新学位が混在している。ただし、旧免状（DEUGなど）は「学位」とは区別して「資格」とされている。
※※「研究指導学位」は表の構成上第8学年に記載しているが、これが標準取得年限を意味するものではない。

approfondies：研究深化免状）または高度専門職業資格となる DESS（Diplôme d'études supérieurs spécialsées：高等専門教育免状）が取得できた。医歯薬学系については例外的に入学制限が認められている。大学本体の主要な学位・免状（資格）の観点での新旧制度対照については、図2に示しておく。

　第2のカテゴリーである短期高等教育機関に該当するものは、大学に附設されているが独立性の高い IUT（Institut universitaire de technologie：技術短期大学部）と、高校（リセ）附設の STS（Section de techniciens supérieurs：中級技術者養成課程）である。前者は約100校で学生数約3万人、後者は約2000校で学生数約25万人である。いずれも第2・第3次産業部門を中心に2年（または3年）の短期高等教育を提供している。IUTについては2年間の課程の修了後に DUT（Diplôme universitaire de technologie：大学技術教育免状）を、その後さらに専門領域について学業継続を希望する学生は追加で1年間の課程（第3学年）を修めることで DNTS（Diplôme national de technologie spécialsée：専門技術教育国家免状）を取得できる。STSについては、2年間の課程修了後には国家試験を経て BTS（Brevet de technicien supérieur：中級技師資格）を取得できる。

　第3のカテゴリーに該当するグランゼコールはフランスに独特の教育機

関で、その主要なものは大学よりも高いレベルの教育を提供しており、いわゆるトップ・エリートの養成を行っている。グランゼコールは国民教育省（日本の文部科学省に相当）所管のものもあるが、多くは他省庁の所管となっている。総理府所管の国立行政学院、国防省所管の理工科大学校、国民教育省所管の高等師範学校などが有名である。学校数は約700校で学生数は約20万人である。CPGEは、グランゼコールに入学するための1〜2年の準備教育を行う機関である。学校数は500校で学生数は約8万人である[48]。入学に際しての選抜性はきわめて高くなっている。

　ここで示したフランスの高等教育制度を念頭に置いて、以下、本書をお読みいただきたい。

---

48) 上原秀一「フランス」文部科学省編『諸外国の高等教育』（2004年）。

第1章
CNE の設立とその活動

第1節　CNE 設立の背景

　フランスにおいて CNE が設立された背景には、当時の社会情勢とそれに派生する大学批判があった。すなわち、CNE が設立された 1980 年代は EC（EU）統合が現実味を帯びてきた時代であり、フランス国内においてはその主導権争いも絡んで国際的な経済競争力の増強が国家的重要課題となり、科学技術や経済の発展に貢献する人材の需要が高まっていた。しかしながら、企業では人材が不足しているのに学生は就職難であるという、一見矛盾する状況が生じていた。これは、被雇用者の知識・能力が不十分であること、必要な資格を有する人材が不足していることを意味している。すなわち、大量の学生が無資格のままで大学を離学しているのであり、資格社会のフランスでは、このことは就職困難や長期の失業に繋がることになる。これは、実用的な職業資格を付与しない文学系・理学系といった伝統的な学問分野において特に顕著であった。
　このような社会情勢の下で、大学は生産性が低く、教育と研究という重要な使命を十分に果たしていないとみなされ、その非効率性に対して厳しい批判が起こった。すなわち、教育面では、大学に登録したものの、特に

第1期課程での離学者が多く、社会的に必要とされる人材養成を十分に行っていないこと、研究面では、大学教員の半数近くの者の研究活動が有名無実化していることが指摘された。先に示した国際競争の激化の中で、グランゼコールやCNRS（Centre national de la recherche scientifique：国立学術研究機構）とともに、人材の養成や研究開発において重要な役割を果たすべきことが大学に期待されているにもかかわらず、環境の変化に対応した変革ができていないために、動きの激しい社会に遅れを取ってしまったのである[49]。

　1980年代初頭に大学評価の必要性を論じた中心人物であるローラン・シュヴァルツは、大学の動きの鈍さには考慮すべき点はあるものの、フランスほど「遅れている大学を有している先進国の例はない」[50]、「フランスでは大学と研究は脅かされている」[51]と指摘した。また、大学に対する世間の見方は厳しく、「教授は3時間の講義を行うが、それ以外は何もしない」、「学生はダメ人間で勉強をしない」と認識されている。しかし、実際には多くの教員は「講義の準備に長時間を費やし、研究室で働いて、我が国の技術・産業の唯一の支点であるフランスの学術研究を、世界のトップレベルに位置付けるのに貢献」しており、勉強不足の学生もいるが、マスプロ状態の教育環境で個別的支援を受けられない中で、多くは「新しい困難な環境下で激しく勉強している」。にもかかわらず、そのことは世間には十分に知られていないと彼は主張する。そして、あまりに安易な判断を下すのを回避すること、「教員はバカげた事務作業を過度に負わされ、研究の手段を欠いており、学生は孤独に当惑し、失業に怯えている」点を適切に考慮することを求めた[52]。そのためにも、「大学内に定期的な評価機関を設置して、教員が行う研究の全体レベルを認識できるようにする」ことが必要であ

---

49) 石村雅雄、前掲書（1995年）59頁、本間政雄、前掲書、44頁。
50) Laurent Schwartz, *op.cit.*, 1983, p.18.
51) *Ibid.*, p.110.
52) *Ibid.*, pp.17-18.

り[53]、「評価の実践によってもたらされる透明性は、フランスの高等教育・研究の現実を世論に対して知らしめる手段の1つである」[54]とする。また、大学評価によって教員のキャリアを改善し、研究を刺激し、高等教育の活力を維持することができるとして、「評価はフランスの大学を救済する機会である」[55]と位置づけている。その上で「重要なことは評価が行われること、しかも直ちに行われることである」[56]と強調している。このように、シュヴァルツは当時のフランスの高等教育・研究、とりわけ大学をめぐる状況に危機感を持ち、大学評価を通してその実情を晒すことによって、社会の理解を得るとともに、大学に改善を促すことを構想していた。

その一方で、大学評価の導入にあたっては、他の先進諸国と同様に、国の財政緊縮の要請も影響していた。CNEは、最初の全体報告書の中で、当時のフランスにとって新しい考え方であった大学評価を実施する理由について、他国の動向も視野に入れながら、「公共政策を評価すること、その効果を測定することが問題となっている」としている。国は高等教育に莫大な出資をしているが、高等教育制度は非常に高く付くもので、しかもますます割高になっており、交付金の増大を要請されている。しかし、「政府はますますそれを拒むようになっており、制度全体の機能が再検討されることを求める」ようになっている。かくして、大学の制度的評価は「経済停滞、赤字予算、インフレに対する闘いによって必要となった公支出削減の文脈の中で生じている」としている[57]。ここでは、大学評価導入の理由として、財政難を背景とする説明責任の要素も一部にはあったことが示されている。

先行研究においては、1970年代後半から1980年代前半にかけてのフランスの大学をめぐるこのような諸状況の打開策として、評価を行うことで

---

53) *Ibid.*, p.86.
54) *Ibid.*, p.104.
55) *Ibid.*, p.88.
56) *Ibid.*, p.103.
57) CNE, *Où va l'université?*, Gallimard, Paris, 1987, pp.41-43.

大学に刺激を与え、一種の競争原理を導入して大学の質を改善することが目指されたとされている[58]。確かに、上に示したように、シュヴァルツが評価によって「研究を刺激する」ことに言及しているし、CNE が「競争なくして自治は存在しないし、厳格で定期的な評価なくしても自治は存在しない」[59]と述べてはいる。しかしながら、前者については競争の必要性について明言はされておらず、後者についても評価と競争が自治を介して間接的に関係があることを示してはいるものの、文脈から考えても直接的な関係を論じるものではない。いずれにせよ、大学評価と競争原理は必ずしも明確に結び付けられることなく控えめに論じられており、両者の関係が強調されているとはいえない。また、フランスは、ドイツおよびスペインとともに、後の 1990 年代初頭に OECD が企画した「評価と意思決定」研究プロジェクトに参加している。これは、大学評価について「公的機関や世論に対して活動報告を行う機能よりも、評価される機関の質を改善する機能を中心に据える分析を重視」するという立場を取るものであり[60]、フランスでは大学評価において大学改善の機能が重視されていたことが分かる。

また、評価をめぐって懸念されることの多い大学の自治との関係については、大学の自治にも責任性や効率性が必要であり、そのためにはまず大学が自分自身を知らねばならず、その術として評価が必要であるとされた[61]。シュヴァルツは「評価は自治に不可欠な代償であるとともに、それを保障するものである。高等教育機関に自治を与えれば与えるほど、ます

---

58) 本間政雄、前掲書、44 頁。
59) CNE, *op.cit.*, 1987, p.204.
60) Philippe Cazenave, "Introduction", OCDE ed., *Evaluation et processus de décision dans l'enseignement supérieur: expériences en Allemagne, Espagne et France*, Paris, 1994, p.8.
61) Alain Abécassis, "La politique contractuelle entre l'Etat et les universités: Une révolution silencieuse en marche", OCDE ed., *Evaluation et processus de décision dans l'enseignement supérieur: expériences en Allemagne, Espagne et France*, Paris, 1994, pp.17-19.

ます評価が必要になるのである」と述べている[62]。CNE自身も「CNEの創設は、高等教育機関の自治を強化し、その責任を尊重する意向を表している」[63] ものであるとしており、評価は大学の自治と敵対するものではなく、調和的に存在しうるものであることが強調されている。

第2節　CNEに関する法的枠組

　以上に示したような背景の中で、CNEは1984年の「高等教育法（1984年1月26日付法律第84-52号）」に基づいて設立され、1985年の「学術的・文化的・専門職業的性格を有する公施設法人の全国評価委員会の組織及び運営に関する政令」によってその活動の詳細が規定された。ここで「学術的・文化的・専門職業的性格を有する公施設法人の全国評価委員会」とはCNEのことを指す（以下、同政令を「CNEの組織及び運営に関する政令」とする）。大学は「学術的・文化的・専門職業的性格を有する公施設法人」に該当する[64]。

　CNEは、イギリスの場合のような高等教育財政を左右するような評価機関でもなければ、アメリカ合衆国の場合のようなアクレディテーション（基準認定）団体でもない。とりわけ1989年7月10日付法律第89-486号の第27条において「学術的・文化的・専門職業的性格の公施設法人の全国評価委員会（CNE）は、独立行政機関となる」と規定されて以降は、大学からも高等教育担当省[65]からも独立した行政機関として、大学改善のために外

---

62) Laurent Schwartz, *op.cit.*, 1994, p.99.
63) CNE, *op.cit.*, 1987, p.49.
64) 大学の他に「学術的・文化的・専門職業的性格を有する公施設法人」に該当する機関は、大学外の諸学校（écoles）・学院（instituts）、高等師範学校、大規模研究機関、国外フランス人学校である。
65) フランスでは省庁再編により「国民教育省」の名称が変更されることがあり、「高等教育・研究省」が別に存在していた時期もある。したがって本書では、特別の必要のない限り、高等教育を所轄する省庁を表す言葉として「高等教育担当省」を用い、同省庁の大臣を「高等教育担当大臣」と表記する。

部評価を主たる任務としている。

1. 高等教育法

　1984年に、1968年制定の「高等教育基本法」（以下「フォール法」）の抜本的改革を目指した社会党政権により、「高等教育法」が制定された。CNEの設立根拠はここにある。「フォール法」は伝統的な大学の管理制度の民主化を図った法律であったが、1970年代の社会的・経済的混乱の中で、その趣旨を十分に活かすことができず、結果として高等教育進学者の中から大量の失業者を生み出すことになったとされている。「高等教育法」は、このような状況を打開するために、ミッテラン政権・サヴァリ国民教育大臣の下で起草され、主として医学系の大学人やグランゼコールの反対に遭い、何度も修正を加えられながらようやく成立したものである[66]。同法は、設立当時は全69条から構成され、その後1986年、1987年、1990年（2回）、1991年（2回）、1992年、1994年、1996年（2回）、1998年、1999年に改正されて全79条になり、現在では「教育法典」の中に組み込まれている。CNEに関しては、第65条において以下のように規定されている。

> 第65条　学術的・文化的・専門職業的性格の公施設法人の全国評価委員会は、第4条に定められる使命の遂行の成果を評価する。同委員会は、教育・研究政策の作成・実施を担当する組織と連携して諸機関を評価し、また、それが結んだ契約の成果を評価する。同委員会は、書類に基づく現地での調査の権限を有する。同委員会は、とりわけ高等教育配置図と学生のアクセス・進路指導の条件に関して、諸機関の運営ならびに教育・研究の効率性を改善するのに適した措置を勧告する。同委員会は、その活動および高等教育・研究の現況に関する報告書を定期的に作成・刊行する。この報告書は、全国高

---

[66] 手塚武彦編『各年史／フランス　戦後教育の展開』（エムティ出版、1991年）240～241頁。

等教育・研究評議会に送付される。
② 同委員会の構成および運営規則ならびに委員の任命または選出条件は、政令でこれを定める。

なお、この条文中にある第4条で定められる「使命」は、初期教育および継続教育、科学技術研究ならびにその成果の活用、文化および科学技術情報の伝播、国際協力の4点である。以上に示したように、CNEは現代的高等教育像の構築を目指した「高等教育法」の中で誕生した。同法においては、CNEの行うべき活動として、高等教育公役務の使命に照らして大学を個別に評価すること、それに基づいて当該大学に対してその活動の改善に必要な勧告を行うことがあげられている。さらに、個別大学の評価に留まらず、高等教育全体の総括を行って、それを一般に公開することもCNEに求められており、高等教育の現代化に大きく貢献することが期待されていたと見ることができる。

2．CNEの組織及び運営に関する政令

上に示した「高等教育法」第65条を受けて、CNEの組織や運営に関する詳細を定めているのが「CNEの組織及び運営に関する政令」（1985年2月21日付政令第85-258号）である。この政令は全15条で構成されており、1988年と2002年に改正されている。

「CNEの組織及び運営に関する政令」は、第1条から第5条において、「高等教育法」第65条を具体化する形でCNEの活動、評価の内容・性格・方法等を定めている。まず、第1条では、「CNEは、高等教育の公役務の使命に相当する領域において、これら大学全体ならびに各大学が行う活動を定期的に調査・評価する」と定めており、CNEの使命は個別大学だけでなく高等教育全体をも評価することにあるとしている。CNEの評価は、「各大学の学術的性格およびとりわけその教育・学術計画を考慮するもの」であり、「大学がその学術・教育政策の一環として実施する活動および手段の全体」を分析・検討するものであるとして、国と大学との間で締結される

「複数年契約の成果について評価」すること、「博士教育および大学内での研究指導資格手続きの適用を総括」すること、「外部パートナーとともに行う共同プログラムの実現を注視」すること等が具体的にあげられている（以上第1条）。さらに、評価をふまえて「大学運営の方向性および効率性を改善するためにあらゆる勧告」を行ったり、「高等教育・研究の調和的配置ならびに学生のアクセス・進路の改善を目指す措置を提言」できるとされている（傍点はいずれも引用者による）（以上第2条）。

　CNEが行った分析は報告書に記載される。CNEが作成する報告書には、高等教育担当大臣および関係諸大臣に提出される「大学ごとテーマごとに作成される報告書」と、共和国大統領に提出される全体報告書とがある。全体報告書は毎年提出される年次報告書と、4年ごとに「高等教育の状況に関する総括を行う」報告書とがあり、いずれも公刊される（以上第3条）。また、「CNEはその作業を自ら組織し、内規を定め、活動プログラムを決め、評価の方法論を決定する」ことができ（第4条）、一定の自律性を有している。さらにCNEは「大学の全体評価を行うことができる」とともに、学術的・文化的・専門職業的性格を有する公施設法人以外の公施設法人を評価することもできる。

　第6条でデータ提供等による高等教育担当省の協力義務を定めた後に、第7条以降でCNEの組織、委員の選出方式や権利（旅費・経費の支給、業務負担調整の享受など）に関する事柄が定められている。

　この政令で示されている組織は、CNE委員の1名が任命される「委員長」（第10条）と、高等教育担当大臣によって配置される「事務局」（第14条）の他に、高等教育機関への訪問を実際に行う「現地評価派遣団」（第7条）、特定の作業のために学際性またはテーマを基礎として構成される「内部委員会」（第8条）、そしてこれらが作成する評価報告書の公表に関する唯一の判定者であり、その採択に際して責任を負う「全体会議」（第9条）である。「現地評価派遣団」および「内部委員会」は外部の専門家も含むことができる（第7条・第8条）。「全体会議」は、委員長または現職委員の少なくとも3分の2の発議により、委員長の召集を受けて開催され、定足数

は委員の3分の2の出席をもって充足される（第13条）。

　CNE委員の任命様式は第10条で示されている。委員は閣議で決定する政令によって任命され、政令制定当初は全体で15名とされていたが、1988年の改正で17名、2002年の改正で25名と増員されている。その内訳は、1985年の政令制定当初は、

①大学高等審議会の部門長、全国学術研究委員会の部門長、フランス学士院が推薦した者の中から選ばれる学術団体の代表者9名
②高等教育担当大臣が推薦し、経済・社会審議会の意見を聴して指名される経済および研究に関する専門能力を有する者4名
③コンセイユ・デタ総部会から選ばれる者1名
④会計検査院から選ばれる者1名

となっていた。1988年の改正では、①の学術団体の代表者が2名増の11名となった。このカテゴリーの委員は、2002年の改正ではさらに8名増えて19名となった。その内訳は、元々規定されていた11名の代表者に加えて、大学学長会議事務局が推薦する者の中から選ばれる者3名、技師学校・教育部局長会議事務局が推薦する者の中から選ばれる者1名、IUFM（Institut universitaire de formation des maîtres：大学附設教員養成センター）校長が推薦する者の中から選ばれる者1名、高等教育担当大臣が推薦し、欧州大学協会の意見を徴してから選ばれる外国の高等教育機構において主として教育・研究の職務を遂行する者3名となっている。なお、CNE委員の任期は4年で、再任不可となっている。また、高等教育機関の長、大学高等審議会、全国高等教育・研究審議会、研究・技術高等審議会の部門長とは兼職できないことになっている。

第3節　CNEの活動内容

　前節までの規定に基づいてCNEが行う主な活動内容は、大きく分けて、

第1章　CNEの設立とその活動

表1．年度別個別大学評価報告書（第1回評価）刊行数

1986年： 2校	1991年：14校	1996年：11校	2001年： 2校
1987年： 3校	1992年：11校	1997年： 2校	2002年： 7校
1988年： 6校	1993年：11校	1998年： 7校	2003年： 7校
1989年： 7校	1994年：15校	1999年： 4校	2004年： 8校
1990年： 2校	1995年： 8校	2000年： 1校	

主として個別大学の評価を実施して報告書を作成し公表すること、これら評価結果をもとに国の大学・高等教育政策への改革提言を行うこと、の2点となる。

　第1の活動の評価と報告書の刊行に該当するものとして、具体的には、①個別大学の評価（第1回評価）、②個別大学の第2回評価、③学問分野別評価、④テーマ別評価があげられる。このうち、個別大学の評価（第1回評価）については、1986年にポー大学およびストラスブール第1大学について最初の個別大学評価報告書が刊行された。その後、表1にあるように、

表2．CNEによる学問分野別評価報告書

CNE, *La Géographie dans les universités françaises : une évaluation thématique*, 1989.「フランスの大学における地理学―テーマ別評価―」
CNE, *Les Sciences de l'information et de la communication*, 1993.
　「情報・コミュニケーション科学」
CNE, *L'Odontologie dans les universités françaises*, 1994.
　「フランスの大学における歯学」
CNE, *La Formation des cadres de la chimie en France*, 1996.
　「フランスにおける化学の枠組での教育」
CNE, *Le 3ème Cycle de médecine générale dans les universités françaises*, 1998.
　「フランスの大学における一般医学第3期課程」
CNE, *La Formation des pharmaciens en France (vol. 1)*, 1998.
　「フランスにおける薬剤師教育（第1巻）」
CNE, *La Formation des pharmaciens en France (vol. 2 : les 24 UFR de pharmacie)*, 1998.「フランスにおける薬剤師教育（第2巻―24の薬学UFR―）」
CNE, *Les Formations supérieures en mathématiques orientées vers les applications*, 2002.「応用志向数学における高等教育」
CNE, *Les Formations juridiques de base*, 2004.「基礎法学教育」

表3．CNE によるテーマ別評価報告書

CNE, *Recherche et universités*, Gallimard, 1987.「研究と大学」
CNE, *L'Enseignement supérieur de masse*, 1990.「大衆的高等教育」
CNE, *Les Enseignants du supérieur*, 1993.「高等教育教員」
CNE, *Le Devenir des diplômés des universités*, 1995.「免状取得者の生成」
CNE, *Les Personnels ingénieurs, administratifs, techniciens, ouvriers et de service dans les établissements d'enseignement supérieur*, 1995.
「高等教育機関の事務系職員」
CNE, *Les Magistères*, 1995.「マジステール」
CNE, *Les Universités nouvelles*, 1996.「新設大学」
CNE, *Réflexions à propos du site universitaire de Lyon*, 1997.
「リヨン地区の大学キャンパスに関する考察」
CNE, *Les Universités de Normandie*, 1999.「ノルマンディー地区の大学」
CNE, *La Valorisation de la recherche : observations sur le cadre, les structures et les pratiques dans les EPCSCP*, 1999.
「研究の活用―学術的・文化的・専門職業的公施設法人における枠組・機構・実践に関する考察―」
CNE, *Les Formations supérieures soutenues par la Fondation France-Pologne*, 1999.「フランス＝ポーランド基金の支援による高等教育」
CNE, *Le Sport à l'université : la pratique du sport par les étudiants*, 1999.
「大学スポーツ―学生によるスポーツ実践―」
CNE, *Les Ecoles et instituts français en Méditerranée*, 2000.
「地中海地域のフランス学校・学院」
CNE, *Les IUFM au tournant de leur première décennie : panorama et perspectives*, 2001.「最初の10年の転換期にあるIUFM―概観と展望―」
CNE, *Le Site universitaire d'Aix-Marseille*, 2001.
「エクス＝マルセイユ地区の大学キャンパス」
CNE, *Le Site universitaire de Grenoble*, 2002.
「グルノーブル地区の大学キャンパス」
CNE, *Le Pôle de développement universitaire Drome-Ardeche*, 2003.
「ドローム＝アルデシュ大学開発拠点」
CNE, *Le Site universitaire de Montpellier en Languedoc-Roussilon*, 2004.
「ラングドック＝ルシヨン地域圏におけるモンペリエ地区の大学キャンパス」
CNE, *L'Ouest atlantique : Bretagne et Pays de la Loire*, 2004.
「大西洋岸西部地区―ブルターニュ地域圏およびペイ・ドゥ・ラ・ロワール地域圏―」

グランゼコール等の高等教育機関も含めて年に1～15校の範囲で評価報告書が刊行されている。現在は全大学の第1回評価を終え、1大学に付き少なくとも1冊の報告書が作成・刊行されており、第2回評価が順次行われている。第2回目の個別大学評価は、1994年のストラスブール第1大学を皮切りに、2007年中までに54の大学・高等教育機関で実施されている。また、2004年には、ナント大学とレンヌ第1大学の第3回目の評価報告書が刊行されている。

表4．CNEの共和国大統領宛報告書（全体報告書）

CNE, *Où va l'université?*, Gallimard, 1987.「大学はどこへ行く」
CNE, *Rapport au président de la République*, 1988.「共和国大統領宛報告書」
CNE, *Priorités pour l'université, (rapport 1985-1989)*, La Documentation française, 1989.「大学に優先権を（1985～1989年度報告書）」
CNE, *Rapport au président de la République*, 1990.「共和国大統領宛報告書」
CNE, *Universités : les chances de l'ouverture*, La Documentation française, 1991.「大学—開放の機会—」
CNE, *Rapport au président de la République*, 1992.「共和国大統領宛報告書」
CNE, *Universités : la recherche des équilibres, (rapport 1989-1993)*, La Documentation française, 1993.「大学—バランスの追究—（1989～1993年度報告書）」
CNE, *Rapport au président de la République*, 1994.「共和国大統領宛報告書」
CNE, *Evolution des universités, dynamique de l'évaluation (rapport 1985-1995)*, La Documentation française, 1995.「大学の進展、評価のダイナミクス（1985～1995年度報告書）」
CNE, *Rapport au président de la République*, 1996.「共和国大統領宛報告書」
CNE, *Les Missions de l'enseignement supérieur : principes et réalités*, La Documentation française, 1997.「高等教育の使命—原則と現実—」
CNE, *Rapport au président de la République*, 1998.「共和国大統領宛報告書」
CNE, *Enseignement supérieur : autonomie, comparaison, harmonisation (rapport 1995-1999)*, La Documentation française, 1999.「高等教育—自治、比較、調和—（1995～1999年度報告書）」
CNE, *Repères pour l'évaluation*, La Documentation française, 2003.「評価の指標」
CNE, *Nouveaux Espaces pour l'université - rapport au président de la République (2000-2004)*, La Documentation française, 2005.「大学にとっての新たな圏域—共和国大統領宛報告書—（2002～2004年度）」

CNE は、このような個別大学ごとの評価に加えて、学問分野別評価やテーマ別の評価も行っている。前者は化学・歯学・地理学といった学問分野ごとの大学横断的評価の報告書であり、2005年末までに8学問分野について9種類の報告書が刊行されている（表2参照）。後者は事務系職員、就職、教員養成などの個別テーマごとの報告書であり、同じく2005年末までに19種類の報告書が刊行されている（表3参照）。

　第2の活動の政策提言については、主として共和国大統領宛報告書（全体報告書）（表4）においてなされている。全体報告書には、年次活動報告書と委員の任期終了時に出される総括的報告書とがあり、個別大学の評価を基礎として作成され、概ね年1冊の割合で刊行されている。特に概ね4年ごとに刊行されている総括的報告書においては、CNE の方法論に関する考察・検討が行われるとともに、評価活動を通して明らかになったフランスの大学・高等教育に関する重要課題が、教育（第1期課程、第2期課程、学生指導、進路、継続教育、教員養成、図書・資料政策、外国語教育など）、研究（研究政策、学問分野と評価など）、管理運営や教職員（大学の管理と自治、大学教員の採用・キャリア形成、事務系職員など）、社会貢献（大学と地域開発など）等の幅広い領域にわたって取り扱われている。

第4節　CNE による個別大学評価の方法論とその基本理念

　以上に見てきたように、CNE は法令にしたがってさまざまな活動を行うことになっている。その活動、とりわけ個別大学の評価において CNE が採っている手法には、訪問調査、内部評価、ピア・レビューといった各国に見られる大学評価の共通の要素[67]が見られる。情報化の時代であるから、大学評価の手法が世界レベルで一定程度収斂していくのは当然の流れとい

67）ジョン・ブレナン「講演録：高等教育の質の管理とグローバリゼーション」大学評価・学位授与機構『大学評価・学位研究』第3号（2005年）98頁、リチャード・ルイス「講演録：国際的な教育の質の保証の動向――INQAAHE の活動を中心に――」大学評価・学位授与機構『大学評価・学位研究』第3号（2005年）122頁。

える。また、CNE は欧州でも比較的早い段階に設置された評価機関であり、どちらかといえば他国に参照される立場にあったことも影響している。たとえばオランダは大学評価を導入するにあたり、フランスのシステムも参照したとされる[68]。しかしながら、単に形式だけを見れば共通要素が見られるとはいえ、それらが持つ意味や導入・実施されている背景は国ごとに異なっている。したがって、重要なことは、評価の手法上の特徴よりも、その背景にあるものということになる[69]。評価方法の形式上の特性よりも、その意味づけや使われ方、評価および評価の構成要素に込められた思想が重要になる。そこで、以下、CNE による個別大学評価を中心に評価手順の分析を行いながら、その背景にある基本理念に着目し、その特徴を明らかにする。

1.「対話の精神（esprit de dialogue）」

CNE の活動の中心はやはり個別大学の評価である。その具体的な手順を要約すると以下のようになる[70]。

①学長から CNE に、当該機関の特徴・問題点についての簡単な評価を付した書類（dossier）が送られる。
②CNE 委員長、評価担当委員 2 名、事務局長、調整担当者で構成される CNE の派遣団が大学を訪問する。学長および諸責任者と面接し、評価を要求する動機になった主要な問題についての照会が行われる。

---

68) 米澤彰純「オランダの大学評価の動向と課題」米澤彰純編『大学評価の動向と課題』（広島大学大学教育研究センター、2000 年）41 頁。
69) ジョン・ブレナン、前掲書、100 頁、John Brennan & Tarla Shah, *Managing Quality in Higher Education: An International Perspective on Institutional Assessment and Change*, OECD, SRHE & Open University, Buckingham, 2000, pp.139-140.
70) André Staropoli, "L'évaluation d'une université française", OCDE ed., *Evaluation et processus de décision dans l'enseignement supérieur: expériences en Allemagne, Espagne et France*, Paris, 1994, pp.60-61.

地方自治体や経済界の代表者との会見が行われることもある。
③質問表が送付され、各部局長に対して直接情報提供を要求する。これは当該大学の各構成員、組織、教育・研究政策の優先課題についての正確な情報を収集することを目的とする。
④該当大学の規模、教員・研究員のリストを考慮して、実際に評価を行う 15 ～ 30 人の専門委員（expert）を任命する。多くの場合は教員・研究者の中から選ばれるが、そうでない場合もある。
⑤任命された専門委員による文書、資料の検討が行われる。部外秘の報告書を作成して CNE のメンバーに提出する。
⑥部外秘の報告書と学長から送られた資料に含まれる情報とに基づいて、CNE のメンバーおよび事務局長は報告書の草案を作成し、議論の素材としてそれを大学の責任者に送付する。
⑦最終訪問が行われ、当該大学の各責任者との意見交換がなされる（記述内容の間違いや最初の訪問後の変化、解釈の差など）。
⑧報告書が完成すると、CNE 総会で承認された後に学長に送付される。そして報告書が、それに対する学長の返答（あとがき）とともに刊行される。

これらの過程を図示すると図 3 のようになる。図 3 からわかるように、個別大学評価においては、文書の送付のみならず、現地訪問も含めて大学と CNE との間で頻繁にやりとりが行われていることが分かる。これは、大学評価に対する CNE の基本方針の 1 つである「対話の精神」[71] に基づくものである。大学評価の過程において、CNE は対象大学を複数回訪問し、大学関係者と議論を重ねながら報告書を作成していくのであり、CNE の評価およびそれに基づく勧告は一方的になされるのではなく、評価を行う CNE

---

71) *Ibid.*, p.59, Alain Abécassis, *op.cit.*, pp.27-30, CNE, *Evolution des universités, dynamique de l'évaluation, 1985-1995, rapport au président de la République*, La Documentation française, Paris, 1995, pp.15-16.

第 1 章　CNE の設立とその活動

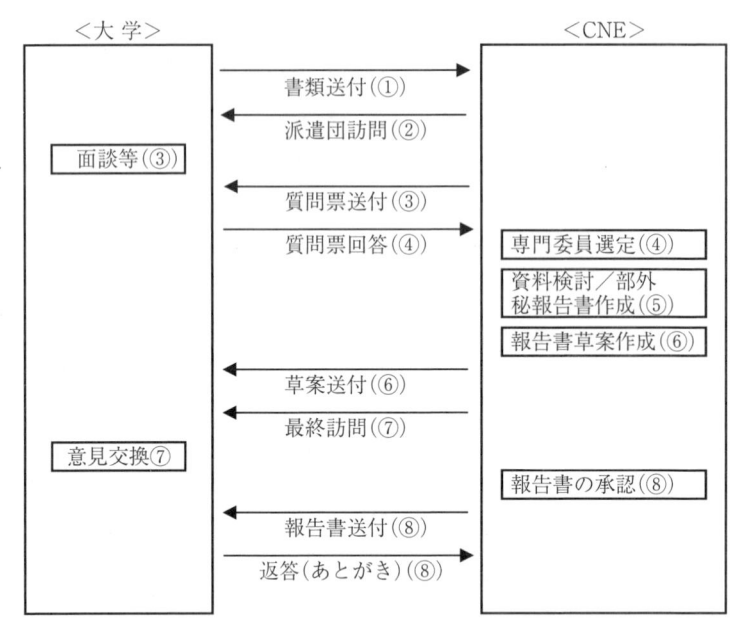

```
<大　学>                              <CNE>
　　　　　　　　書類送付(①)
　　　　　　　　派遣団訪問(②)
　面談等(③)
　　　　　　　　質問票送付(③)
　　　　　　　　質問票回答(④)      専門委員選定(④)
                                   資料検討／部外
                                   秘報告書作成(⑤)
                                   報告書草案作成(⑥)
　　　　　　　　草案送付(⑥)
　　　　　　　　最終訪問(⑦)
　意見交換⑦                        報告書の承認(⑧)
　　　　　　　　報告書送付(⑧)
　　　　　　　　返答(あとがき)(⑧)
```

図 3．評価の過程における大学と CNE の「対話」
図中の①〜⑧は本章第 4 節 1 項の本文に対応。

と評価を受ける大学側の「継続的な対話」[72]を基礎として行われるのである。これは、実際の会話だけではなく、現地訪問や書類・資料の送付も含めた広い意味での「対話」を通して評価が行われるというものである。ここで訪問調査は、「対話の精神」という考えの下に、単なるヒアリングや実情視察ではなく、評価機関と被評価機関とのコミュニケーションの重要部分として位置付けられている。このような方法により、大学は評価者である CNE に自らの状況や意向を十分に説明し、CNE は被評価者である大学の意向を十分に理解して評価を行うことを大原則としているのである。

---

72) *Ibid.*, p.7.

2. 大学の自律性の尊重と「証明の論理 (logique de démonstration)」

CNE 自身は、その創設について「大学の自治を強化し、その責任を尊重する意向を表している」[73] と述べている。実際に CNE による個別大学の評価は、被評価大学の求めに応じて行うことになっている。また、CNE による大学評価は完全な外部評価ではない。外部評価の前提として、内部評価が実施されることになっており、CNE による評価に先立って被評価大学の側で全国同一のフォーマットにしたがって基礎資料と内部評価報告書を用意することになっている。すなわち、評価の初期段階において、大学が自発的に評価の申請をし、下準備を行うことが求められており、大学に対して一定の自律性を保障している。また、外部評価の段階においても、実際に評価を行う CNE の専門委員の約 80% は国内外の大学人であり、基本的に CNE の評価はピア・レビュー (同僚評価) であるとみなすことができる。このことは、総体的な視点に立った場合、すなわち大学・高等教育界全体を 1 つの大きな学術共同体とみなすならば、学術界以外の勢力に対する自律性の維持を確保するものといえよう[74]。

このような大学の自律性を尊重することを基本にしつつ、大学に対しても一種の自省を求めている。CNE に評価を受ける際に、大学は自らのことについてほとんどといって良いぐらい理解していないのが実情であった。すなわち、「関係する数量的データ ── 職員 A・B、事務系職員、研究室の常勤研究員の数、個人別・年度別の発表数、未発表者数、学生数 (登録者数・試験受験者数・合格者数) ── は、ほぼすべての大学が正確に把握していなかった」のであり、「有効な統計を手に入れることが最初の重労働であった」とされる[75]。この内部評価の過程において、大学は自らに関するデータを収集・整理することになり、この作業を通して自己認識を高めることになるのである。

---

73) CNE, *op.cit.*, 1987, p.49.
74) 本間政雄、前掲書、45 頁。
75) Laurent Schwartz, *op.cit.*, 1999, p.80.

同時に大学は、内部評価を通して「各大学が義務および責任を果たしていることを証明する」ことができる。内部評価は、大学の活動およびその成果をCNEに対して示すものであり、さらにCNEによる外部評価の過程を経ることで、それを対外的に証明することへと繋がっていく。フランスの大学評価においては、CNEによる外部評価・第三者評価の全国的実施に注目が集まりがちであるが、その評価システムには内部評価が内包されており、しかもそれが外部評価の基礎として重要な位置を占めている。大学・高等教育・研究の成果を証明するのは何よりもまず大学自身の手によるものであり、そこが出発点とされている。内部評価には、「証明の論理」という考えの下に、大学の自律性を確保すると同時に、その活動に対する自覚を促すことが期待されている。すなわち、CNEによる大学評価は、大学の自律性を尊重するとともに、それに見合う大きな責任も同時に課しているのである。

3．CNEの独立性と支援的評価

　先に示したように、CNEは1989年7月10日付法律により独立行政機関となり、形式上は高等教育担当大臣の監督下に置かれるが、直接に共和国大統領の決定を仰ぐことになっている[76]。CNEの全委員を任命するのは共和国大統領であり、このことがCNEに対して非常に大きな威信を与えている[77]。このような公権力（高等教育担当省）からの独立性により、CNEの専門委員は大学に首尾良く受け入れられ、公正な姿勢で独自に弱点の指摘を行うことができ、被評価者の90％以上がCNEに対して肯定的な態度を示しているとの指摘もある[78]。

　委員の人選についても、先に示した「CNEの組織及び運営に関する政令」で定められるように、CNE委員には学術関係者が多数派を占めてお

---

76) Françoise Dupont-Marillia, *op.cit.*, p.52.
77) Laurent Schwartz, *op.cit.*, 1994, p.101.
78) Laurent Schwartz, *op.cit.*, 1999, p.79.

り、しかもその人数は改正ごとに増員されている。また学術関係の委員は、学術関係団体が候補者名簿を提出し、その中から任命される方式になっており、行政当局が直接選出することはできない仕組みになっている。逆に、高等教育担当大臣の提案により選出される委員は25人中7名で少数派となっているとともに、うち3名は学術関係者（「外国の高等教育機構で主として教育・研究の職務を遂行する者」）となっている。しかも、これら委員は他の機構（欧州大学協会、経済・社会審議会）の「意見を聴した後に」選ばれることとなっており、完全に独断では選出できなくなっている。このように、高等教育担当省による委員の人選に対しては一定の歯止めがかけられており、この点でもCNEは独立性を確保していることが分かる。行政当局による恣意的な人選を回避することにより、CNEが行う評価に対する信頼性を高め、大学の協力が得やすくなる工夫がなされている。

　CNEの評価が大学に受け入れられている理由は、このような大学監督当局に対する独立性に加えて、その非権力性にもある。CNEの評価は「検査」（inspection）ではなく、教育の資格認定をするものでもない。大学の全体またはそれを構成する教育研究単位の評価をするのであって、個人を評価したり、その教育上・学術上の質を統制することもしない。評価およびそれに基づく勧告は、高等教育担当省がその政策を決める上で参考にしたり、当該大学が基本方針を策定したり、教育・研究を改善したり、企業・地方自治体・地域との連携・協力を行ったりする際の参考とするためのものである。そのため、評価結果とリンクさせての補助金配分も行わないことになっている[79]。

　CNEによる勧告は大学に対して強制力を持つものではない。勧告は行うが、それに当該大学がしたがうか否かは、その自主的判断に委ねている。CNEによる評価は統制や査察を意図するものではなく、各大学の問題点を

---

79) CNE, *op. cit.*, 1987, pp.49-50, Françoise Dupont-Marillia, *op. cit.*, p.52, 本間政雄、前掲書、45頁。

点検することにより、その改善を支援することにある[80]。大学に対して、場合によっては高等教育担当省に対して、時に相当厳しい評価・勧告がなされることもあるが、それは「大学や省を支援するためであり、批判して喜ぶためではない」[81]。したがって、分野別評価を除き大学間の比較は決して行わない。

実際に、個別大学評価報告書を見ると各大学ごとで差異が存在することが分かる。報告書の形式や取り上げられている項目などについて、一定の共通点はあるものの、各項目について取り上げられている内容、各部局の分析区分、地域との関係の重要度など、決して一様ではない。全体的な分析を行う第1回評価の結果をふまえて、各大学の事情に合わせてテーマを一定程度絞って行われる第2回評価の報告書は、いっそう内容や構成が不均質なものとなっている。

この一様でないことがCNEの大学評価の特徴である。CNEの個別大学評価は各大学の「現状報告」であり、比較を目的としたものではない[82]。CNEによる個別大学の評価においては、各大学が置かれている状況をふまえながら、それが抱える問題状況を明らかにして、改革すべき事柄を勧告し、そのことをもって、評価を受けた大学全体およびその諸活動が改善されることを目的としているからである。

被評価大学に対して「支援」を行うという評価の趣旨から考えると、比較を行ったところで何ら意味をなさないことになる。ここでは、他大学と比べて相対的に良いか悪いかという視点ではなく、当該大学が現時点よりも将来において良くなるか否かが問題とされている。いわば絶対的な観点が重視されているのである。CNEは大学間に競争を煽ることよりも、解決

---

80) Françoise Dupont-Marillia, *op.cit.*, p.52, Laurent Schwartz, *op.cit.*, 1994, p.100.
81) Laurent Schwartz, *op.cit.*, 1999, p.79.
82) André Staropoli, "Evaluation par le Comité national d'évaluation: réponse au président Michel Leduc", OCDE ed., *Evaluation et processus de décision dans l'enseignement supérieur: expériences en Allemagne, Espagne et France*, Paris, 1994, pp.70-71.

すべき点を提示して大学の自発的行動を待つという手法を採用している。CNE のこのような姿勢から、被評価者にとってはその評価が受け入れ易いものとなっており、そのため強制力がなくても勧告が受け入れられることに繋がっているのである[83]。

---

83) Françoise Dupont-Marillia, *op.cit.*, p.52.

第2章
フランスにおける大学第1期課程の改革

第1節　フランスの高等教育の問題状況
──第1期課程教育を中心に──

　前章においては、CNEがどのような活動を、どのような方針の下で行うかについて整理した。以下の章においては、それらをふまえて、CNEの実際の活動ならびにその成果を、とりわけ高等教育改革への貢献という観点から、具体的にいくつかの問題に焦点を当てて考察していく。本章はその前提作業として、CNEが改革を試みたフランスの高等教育の問題状況について整理する。もっとも、フランスの高等教育が抱える問題は、他の先進諸国と同様に多岐にわたっている。高等教育の諸領域においてさまざまな問題が存在しており、CNEが取り上げたすべての問題を網羅的に紹介することはできない。そこで、ここでは高等教育の中でも最も問題が大きく深刻であるとされ、CNEも複数の全体報告書において取り上げている大学第1期課程の教育条件を中心に、関連するいくつかの問題状況について整理する。

　大学第1期課程については、CNEの全体報告書においても複数回にわた

って取り上げられ[84]、多くの改革提言が出され、試みられた。この課程は、大学入学後2年で取得可能な免状であるDEUGによって主として認定される。しかしながら、大学に進学したものの、これを取得できないまま離学する者も多い。この免状を取得するか否かは、大学における成否の重要な目安となるとともに、DEUG合格者の割合は大学教育の効率性の指標の1つとなっている。この点はCNEの大学評価においても重要な着目点となっている。

DEUG課程は、高等教育第2期課程での学業継続あるいは就業に向けて、学生に準備教育を行うことをその目的としている。旧制度下においてDEUSTとならび大学で取得できる最初の免状であった。新体制下でも「学位」とは異なる「資格」として存続しているが、新制リサンスの取得要件とはなっていない[85]。

さて、以下における考察の主たる対象は、1980年代から2000年頃までの学生急増期とし、近年において地方を中心に学生減少問題を抱える大学も存在している点については別途言及することとする。

1. 大学における教育条件の悪化

とりわけ1980年代以降、西暦2000年までにバカロレア取得者を同一年齢人口の80％にまで高めることを目標とする「大学2000年計画」による政策的後押しもあり、高等教育進学者が急増して大衆化が進行した。学生数は1970～1980年の間に約25万人増（35％増）、1980～1990年の間に約68万人増（67％増）となっている。1980年から1996年の間に大学（IUTを除く）への登録者数は約80万人から約130万人に増加しており、約50万

---

84) 大学を中心に第1期課程の問題に一定の纏まりをもって言及している主な全体的報告書は、1987年報告書（*Où va l'université?*）で34頁、1989年報告書（*Priorités pour l'université*）で14頁、1993年報告書（*Universités: la recherche des équilibres*）で26頁、1995年報告書（*Évolution des universités, dynamique de l'évaluation*）で21頁、2005年報告書（*Nouveaux Espaces pour l'université*）で23頁となっている。
85) 上原秀一、前掲書、119頁。

人の学生増を大学が引き受けたことになる[86]。

しかしながら、学生数の増加に見合った指導スタッフの増員や施設・設備の充実は十分に行われなかったため教育条件が悪化していた。バカロレアを取得していれば原則として入学選抜のない大学の第1期課程（最初の2年間）においては、収容能力を超えて学生が登録したため、特にそれが顕著であった。そこでの教育は、しばしば階段教室で行われる大人数講義を基本とすることになり、通路にまで受講者があふれる、いわゆる寿司詰め教室状態で講義が行われることも多い。このような状況においては、教員は学生に対して知識を伝達し、学生はそれをノートに書き取るという形式の教育形態がとられ、学生と教員の相互作用はそこでは最低限のものとなる。したがって、学生は十分に個別化された指導を受けにくくなっている[87]。

さらに、第1期課程の教育については威信の高い教員（教授）が担当したがらない傾向にあり、経験豊富な担当者が少ないこと、教員間の調整が不十分であること、試験編成手続きに厳格さが欠けること、就学業務担当の事務スタッフが不足していること等が指摘されており、大学の教育体制の不十分さがこれに拍車をかける形になっている。また、学生の方も大学で必要とされている自律的に学ぶ力が備わっておらず、高校教育とは大きく異なる大学教育のやり方に十分に適応できない層が増えていることも指摘されている[88]。

大学の第1期課程教育の条件の悪さは教育経費の点からも示される。学生1人当たりの経費（2002年）は、CPGEでは13,220ユーロ、IUTでは9,100ユーロ、大学（一般コース）では6,950ユーロとなっている。ただし、

---

[86] 統計資料については、Ministère de l'éducation nationale, de l'enseignement supérieur et de la recherche, *Repères et Références Statistique sur les Enseignements et la Formation*, Paris（各年版）参照。

[87] CNE, *Nouveaux Espaces pour l'université: rapport au président de la République 2000-2004*, 2005, La Documentation française, Paris, p.62.

[88] *Ibid.*, pp.61-69.

大学の場合、第1期課程に限定すると1人当たりではさらにこの数値の半分程度であるという試算もあり、費用の面だけから見ると大学第1期課程の学生はCPGE学生の4分の1程度の教育提供を受けていることになる[89]。

以上の結果として、とりわけ大学第1期課程においては学生の「蒸発（évaporation）」（登録はしたものの何の資格も取得せずに離学すること）が頻発した。1985年度においては、高等教育離学者のうち約30％が何の資格・免状も取得しなかった。大学離学者については、免状を取得できなかった者は3分の2にも達していた。1990年代における第1期課程修了者は、大学・コースにより差はあるものの5割程度であった。2000年においてもDEUG合格率は全国平均で約50％であり、分野別に見ると法学35％、文学60％、理学41％となっている（ただし、3年後での合格率は全体で67％、法学55％、文学80％、理学72％となる）[90]。

学生の側からすると、資格社会のフランスにおいては、資格を取得せずに離学すると長期間の失業や不安定なポストへの就職を経験する可能性が高くなる。「大学2000年計画」の影響による後期中等教育進学者・高等教育進学者の急増、そして高学歴化（資格取得水準の上昇）の1つの結果として、高校修了レベルでは就職にきわめて不利であるという状況になっている。高等教育に進学しても何の資格・免状も取得しないで離学した場合には、資格水準はバカロレア（＝高校修了）と同じ水準になるため、やはり就職困難に陥ることになる。また、取得している資格・免状の水準が高いほど失業もしにくく、資格レベルが低いほど失業の可能性が高くなるというデータもある[91]。

このことは、逆に雇用者側からみると、必要な資格を有する人材を得るのが難しくなることを意味する。このような就職難と人材不足の同時進行の原因は大学にあるとされ、大学教育が学生の必要性や適性と合っていな

---

89) *Ibid.*, p.62.
90) *Ibid.*, pp.55-57.
91) 堀内達夫「高学歴化における職業資格・免状の価値」小林順子編『21世紀を展望するフランス教育改革』（東信堂、1997年）207頁。

い、あるいは、多額の資金を投入しているにもかかわらず大学教育はあまりに非効率である、という批判を招いた。また、高校生の進学行動においても、教育条件の悪い大学の第1期課程を回避する傾向も見られるようになった。

2. 大学第1期課程における技術バカロレア取得者の不本意就学
――「ねじれ現象」――

　フランスにおける高等教育進学をめぐる問題には独特のものがある。それは、高等教育進学の基礎要件であり、高校3年次に受験するバカロレア資格の種類と高等教育機関類型ごとで異なる入学システムとに起因するものである。バカロレア資格には普通バカロレア、技術バカロレア、職業バカロレアの3種類がある[92]。制度設計としては、このうち普通バカロレア取得者はその進学先として長期高等教育（大学、グランゼコール・CPGE）が、技術バカロレア（および職業バカロレア）取得者の進学先としては短期高等教育（IUT、STS）がそれぞれ想定されている[93]（図4）。しかし、実際の進学行動は、フランスに独特の入学システムとの関係で、必ずしもこのような想定通りにはなっていない。まず、バカロレア取得者のうち、最も成績の良いグループはトップレベルのグランゼコールへの進学を希望して、非常に選抜的なCPGEへと向かう。これら威信の高いグランゼコールはエリート養成機関であり、入学に際してはきわめて高い学力水準を要求されるが、卒業後は国あるいは企業の上級管理職への道が約束されており、将来かなりの収入と高い職業的威信が用意されているからである。次に、CPGEに進学しなかった相対的に成績優秀なバカロレア取得者は大学に進学する。ここまでは制度設計通りである。ところが、相対的に優秀なバカロレア取得者（普通バカロレア取得者）の一部が、大学に進学せずに短期高等教育機

---

92) 高等教育進学者は、普通バカロレア取得者でほぼ全員、技術バカロレア取得者で約4分の3、職業バカロレア取得者で約5分の1となっている。上原秀一、前掲書、107〜109頁、CNE, *op.cit.*, 2005, p.51.

93) CNE, *L'Enseignement supérieur de masse*, Paris, 1990, p.18.

第2章　フランスにおける大学第1期課程の改革

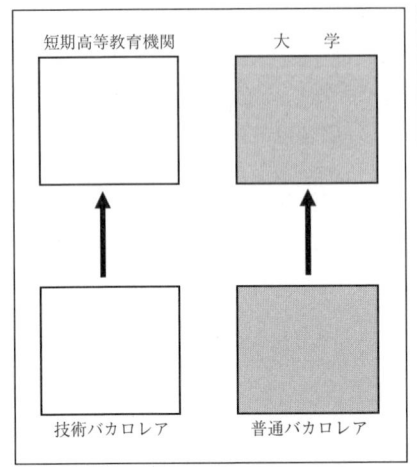

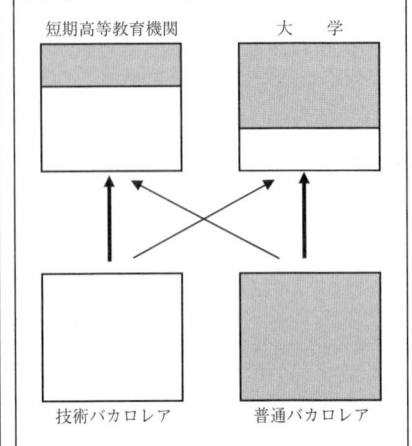

図4.　制度設計上の進学状況　　　　図5.　実際の進学状況

関（特に IUT）に進学するという行動を取っている（図5）。普通バカロレア取得者の内、IUT あるいは STS に進学した者の割合は、1979 年度の 17.0％から 1985 年度の 21.3％に上昇している。これと連動して、長期教育機関（CPGE と大学）に進学した技術バカロレア取得者の割合は、同じ期間に 18.3％から 28.0％に急増している[94]。

　グランゼコール・CPGE と短期高等教育機関は入学選抜があり、バカロレアの取得に加えて別途入学選抜が実施されるために一定の教育条件が維持される。しかし、バカロレアを取得していれば原則として入学制限のない大学（医療系部門を除く）では、進学希望者の増加に比例する形で登録者が増え、とりわけその第1期課程においてはますます教育条件が悪くなっている。そのため、普通バカロレア取得者の一部が、教育条件の悪い大学第1期課程を回避して、2年後に大学の第2期課程に進学することを見越して短期高等教育機関に進学するようになっている。とりわけ IUT は普通

---

94) CNE, *Priorités pour université*, La Documentation française, Paris, 1989, pp.20-21.

バカロレア取得者の間で人気があり、第3次産業系を除き普通バカロレア取得者が多数派、技術バカロレア取得者が少数派となっている。

その結果、学力的には不利な技術バカロレア取得者が短期高等教育機関から締め出され、やむを得ず入学選抜のない大学第1期課程に登録することになる。かくして大学の第1期課程は、長期課程を希望し、短期高等教育機関に希望分野がない動機付けの高い学生と、第1希望の短期高等教育機関に受け入れられなかった学生とが同居する異質な学生集団を構成することになる。大学第1期課程がバカロレア後教育の人数調整機能を背負わされている、あるいは進路変更を前提とした腰掛け状態になっているという指摘もある。大学第1期課程進学者のうち、第1希望のコース以外に不本意就学した学生数は全体で約20％であるが、技術バカロレアおよび職業バカロレアに限ってみるとその割合は約50％となっている。このような者は職業教育へ進路変更しやすい心理学、AES（Administration économique et sociale：経済・社会管理）、生命科学に集中する傾向にある[95]。

しかしながら、大学に進学した技術バカロレア取得者は、概して理論重視の大学教育には向いておらず、第1期課程の修了も困難である。2年間でDEUGを取得する者の割合は、たとえば法学分野では全体で35％であるが、技術バカロレア取得者については6％となっている。また、文学分野でもDEUG合格率は全体で60％であるのに対して、技術バカロレア取得者については30％となっており、技術バカロレア取得者の合格率が著しく低くなっている。このように、大学第1期課程にとりわけ不本意ながら進学した技術バカロレア取得者は、資格を取得することなく離学する学生の「蒸発」の主要部分となっている。高等教育全体で見ても、1983年に第1期課程に入学した普通バカロレア取得者のうち、リサンス取得を目指して1987年までに第2期課程のコースに進学した者の割合は約50％であるのに対して、技術バカロレア取得者の場合は約15％と著しく低くなってい

---

[95] CNE, *op.cit.*, 2005, p.58.

た[96]。近年でも技術バカロレア取得者の4分の1は何の免状も取得することなく離学している[97]。

このような状況を要約すると以下のようになる。DEUGを目指す大学第1期課程に登録する学生は、長期教育を希望する普通バカロレア取得者と、「CPGEやIUTへの入学を認められなかった者たちによって構成される」[98]ことになり、このことが高い比率の中途退学（abandon）やDEUG不合格（échec）へとつながることになる。とりわけ、技術バカロレア取得者においては、その要求が長期教育への準備として理解されるDEUGのカリキュラムに対応していないのであるから、この比率がより高くなるのである。IUTやSTSが入学選抜によって相対的に優秀な者を限定して入学させる一方で、原則として無選抜の大学が、大量の学生を受け入れている。このことは、教育条件の大きな格差へとつながっている。入学選抜のある高等教育機関に入学すれば、学生は密度の高い教育指導スタッフにより教育を受けることになる。これに対して、入学選抜のない大学は、学生1人当たりの指導スタッフ数が非常に少ないために、補償教育を受ける必要のある者が多く含まれているにもかかわらず、望まれる指導スタッフの恩恵に浴することができないのである。かくして、ますます多くの普通バカロレア取得者が、指導スタッフの不足している大学の第1期課程を敬遠し、IUTなどの迂回路を経て第2期課程に向かう。そして、そこから締め出されたますます多くの技術バカロレア取得者が教育条件の悪い大学に進む。本来大学に適している学生も、適切な指導スタッフを欠いているために、良い条件で第2課程での学業継続へ向けて準備することを妨げられている。したがって、より条件の良い短期教育機関経由で第2期課程に進学するという悪循環に陥っているのである。

---

96) CNE, *op.cit.*, 1989, p.26.
97) Sylvie Lemaire, "Les Bacheliers technologiques dans l'enseignement supérieur", *Éducation et Formations*, no.67, Paris, 2004, pp.46-47.
98) CNE, *op.cit.*, 1987, p.83.

3. 大学のイメージの悪さ

　大学教育は数多くの問題を抱えており、高校生や中等教育教員の間では、大学に対する見方は決して良いものではない。それは、DEUG の合格率が低い、教員の個別的指導が受けにくい（あるいはそのような印象がある）、学生当たり費用で見た場合に教育手段が劣悪である、といったものがあげられる。また、一般的な大学のイメージは、「座席がびっしり埋まっていて、ノートを取っている熱心な学生で溢れている巨大な階段教室」というものであり、大学も広報資料としてもそのような画像を用いたりしている。そのため、大学では高校のような手厚い指導は受けられず、自律的に学習しなければ失敗するという見方が非常に根強いものとなっている。このような大学に対する否定的なイメージは、自律的に学習できる優秀なバカロレア取得者にとってはさほど大きな問題にはならないが、必ずしもそうではない者にとっては大学（特に第1期課程）を敬遠する行動に繋がる場合もある[99]。

　しかしながら、このような大学教育に対するネガティブなイメージに関しては、いくらかの疑問も呈されている。まず、完璧とはいえないものの、大学の教育方法にも一定の改善がなされている点である。たとえば、新しい情報・コミュニケーション手段を用いた教育方法の開発、少人数授業の拡充、研究室・実習室の設備向上などに各大学が取り組んでいる。次に、DEUG 合格率の低さについて2年間での合格可能性で語られている点である。所定の年限を越えるとはいえ、3年間で見ると合格率は70％程度になることについてはほとんど触れられることがなく、事実が不完全な形で紹介され認識されている。また、2年間での合格率の低さの原因は大学だけに帰されるべきものではなく、高校の進路指導の不適切さも一因となっているのに、批判は大学に集中する傾向がある。

　大学教育に一定の改善がなされているにもかかわらず、それが大学のイメージ回復と比例していない。大学教育について現状の一部だけを捉えて語られ、良い部分や魅力的な部分が見落とされる傾向にある。また、この

---

[99] CNE, *op.cit.*, 2005, p.62.

問題に言及する際に、大学には入学選抜が無いというハンディキャップが考慮されることも少ない。このように、もちろん大学教育に課題は多いものの、イメージの悪さはそれ以上であり、その見方には公正さを欠くものも少なくないことが指摘されている[100]。この点に関してCNEは、以下の各章で示すように、一方では実際に問題がある場合にはその解決を図ることを、他方では実情を公表して世論の誤解を解くことを試みている。

　以上、1980年代から1990年代にかけてのフランスの高等教育をめぐる問題を、とりわけ大学の第1期課程を中心に整理した。次に、その改革の動向と構造を整理したい。上に示した問題状況のうち、「ねじれ現象」は二重の問題をはらんでいる。1つは技術バカロレア取得者の教育継続の保障の問題であり、もう1つは、基本的に技術バカロレア取得者が普通バカロレア取得者よりも学力的に困難であるという問題である。このような問題への対処法としては、当初予定されていた通りに技術バカロレア取得者を短期高等教育機関に、普通バカロレア取得者を大学に進学させるように、何らかの手段を講じるものと、上述の進学状況を前提として、教育機関内部の組織や教育方法・内容をそれに適応させるものとが考えられる。前者の対処法の1つとして、技術バカロレア取得者の進学先確保のために短期高等教育機関を拡充することが考えられるが、これに対しては、短期高等教育機関側が量的拡大による質の低下を恐れて強い抵抗を示している。フランスにおいて実際にとられた改革は後者の考え方を中心とするものであり、「職業教育化（professionnalisation）」が重要な柱の1つとなっている。以下、この方向に沿ったフランスの大学教育の改革をみることにする。

第2節　大学第1期課程の職業教育化

　フランスの大学における職業教育化の進展を象徴するものとして、大学の性格を規定した法律の条文改定があげられる。1968年のフォール法では、

---

100) *Ibid.*, pp.68-72.

第 2 節　大学第 1 期課程の職業教育化

大学は「科学的・文化的性格の公施設法人（établissement public à caractère scientifique et culturel）」と規定されていた。これに対して 1984 年の「高等教育法」では、大学は「科学的・文化的・専門職業的性格の公施設法人（établissement public à caractère scientifique, culturel et professionel）」（傍点・下線引用者）となっており、「専門職業的（professionel）」という形容詞が新たに加わっている。これは、大学教育を社会に出た際に役に立つ実学的な内容とすること、学生の就職を視野に入れた教育コースの改革・新設や教育課程の編成を行うこと等を大学に求めたものと捉えられる。

　実際に、フランスの大学においては、①大学内に新しいタイプの機関を設置すること、②新しい学問分野の教育を提供するコースを設置すること、③カリキュラムや教育方法を改革することにより、教育の改革が図られてきた。新しい機関・コース・カリキュラム等に共通していることは、より応用的・実用的であり、職業に傾斜した、いわば手に職をつけることを視野に入れたものであるということである。このような動向は大学の「職業教育化」として捉えられる。以下、職業教育化の動向について、先に示した範囲を主たる対象として――部分的に若干その範囲を超えながら――見ていくことにする。

1．機関新設による職業教育化

　現代フランスの大学における職業教育化の嚆矢は、ここでの主たる分析対象よりやや早い時期になるが、1960 年代後半に IUT が設立されたことである。IUT は、1960 年代にはじまる高度経済成長に必要な人材の養成を目的として、1966 年に新設されたものである。したがって、より産業に密着した、電子工学、機械工学、情報学といった第 2 次産業部門、および、企業実務、商品化技術といった第 3 次産業部門の教育が行われている[101]。また、IUT は「学生に現実的な職業教育を提供するという関心と、変化し

---

101) 本間政雄「高等教育制度」原田種雄・手塚武彦・吉田正晴・桑原敏明編『現代フランスの教育』（早稲田大学出版部、1988 年）143 頁。

やすい要請に対応する科学的・文化的教育を学生に提供するという強い関心とを結び付ける」[102]ものと評価されている。

IUTは大学附属機関として設立されたものの、大学本体からの独立性が非常に強く、大学内にありながらまったく異なるタイプの機関と見なされることも多い。形式上は大学の附設機関であるが、提供される教育内容の近接性から、高校附設のSTSとともに短期高等教育機関として分類されることが多い。

1970年代から1980年代にかけては、後述するように免状・コースの改革による職業教育化が主流であったが、1990年代には新しい大学附設機関としてIUP（Instituts universitaires professionnalisées：大学附設職業教育センター）が創設された。IUPは1991年に新設されたもので、第1学年修了者の中から選抜された学生を対象に、企業との密接な協力の下に、少なくとも500時間・6ヶ月の企業実習を含む3年間の教育を行う機関である。したがって、第1期課程から第2期課程にまたがる教育機関となっている。初年度（1991年）には約120のIUPが創設された。

教育内容上の特徴は、行政、財政管理、商業・流通、情報・通信、テクノロジーの5領域において、企業実習等を取り入れた専門的職業教育を通じて、上級技術者養成を目指している点である。また、EU統合の流れとの関係で学生は2カ国語を駆使できることが求められる。さらに、企業派遣の教員が登用されていることも大きな特徴の1つである。IUPにおいては、各学年ごとの修了は免状の授与によって認定される。つまり、第1学年修了時にはDEUP（Diplôme d'études universitaires professionnalisées：大学職業教育免状）、第2学年修了時にはリサンス、第3学年修了時にはメトリーズが授与される。最終的な修了認定は、教員＝研究員と職業界関係者で構成される判定委員会によってなされることになっている[103]。

---

102) CNE, *op.cit.*, 1987, p.75.
103) IUTやIUPは、同一カテゴリーにおいて共通の名称で各大学に設置されている教育機関である。これら以外にも、法学研究センター（Institut d'études juridiques）、一般公務員試験準備センター（Institut de préparation à l'administration générale）、

2. 免状・コース新設による職業教育化

職業教育化の動きは、1970年代から1980年代にかけてはDEUG改革という形を取った。これは、より具体的には、伝統的な学問分野のDEUG専攻に加えて、新たに学際的性格をもつ専攻が新設されたことをその内容とする。大学第1期課程修了を認定するDEUGは、この頃から、「実生活への準備を行う短期教育を認定する修了免状と、リサンスやメトリーズ、さらにはDEAやDESSへと進むことができる長期教育への準備を認定する免状とを同時に兼ねる、多目的資格として公的に考えられる」[104]ようになり、大学第1期課程では、2年制の職業教育と、リサンスやメトリーズを目指す長期教育への準備という相互に進路変更可能な2つのタイプの教育が行われることが確認されている[105]。そして、1970年代においては、「MASS（Mathématiques appliquées aux sciences sociales：社会科学用応用数学）」や、法学・経済学系の応用的分野であるAESなどの学際的な専攻が設けられた。

さらに、1984年には保健学専攻とコミュニケーション・言語学専攻が新設された。伝統的に、大学第1期課程の教育は講義を中心に行われていたが、保健学専攻については、省令[106]で「演習、実習、ゼミナールのような授業が、少なくとも全体の3分の1を占めなければならない」とされており、また、必修科目の中には「職業実習」が含まれている。コミュニケーション・言語学専攻については、同じく省令[107]で「演習、実習、ゼミナール、集団演習、調査、文章および口頭表現、研修のような授業が、少なくとも全体の4分の1を占めなければならない」とされ、必修科目に「文献・資料の分析・作成」、「コミュニケーション学」、「情報学」、「語学」などが

大学附設市町村地域研究センター（Centre universitaire regional d'études municipales）といった大学附設のセンターを設置して公務員試験への準備教育を提供している大学もある。

104) CNE, op.cit., 1987, p.89.
105) CNE, op.cit., 1989, p.26.
106) 1984年8月9日付国民教育省令「大学一般教育免状——保健学専攻——」。
107) 1984年8月14日付国民教育省令「大学一般教育免状——コミュニケーションおよび言語学専攻——」。

含まれている。

　1980年代には、免状改革の一環として DEUST が創設された。DEUST は、1984年に設けられたもので、「科学的方法および基礎的語学に対する教育と、職業資格の教育訓練とを認定する」[108]免状である。これを目指すコースは、大学の第1期課程の「職業化した短期コース」[109]と評されるように、職業資格教育を行うことも可能である。また、コースを設ける際の申請書類に「学生の教育と就職とを保障するために、職業界との間に確立した関係」や「予測される就職先との関係で決定される受け入れ能力」を明示することになっている[110]。

3. 教育課程の改編による職業教育化

　フランスの大学における職業教育化は教育課程の面にもみることができる。法令レベルおよび個別大学レベルでその動向を押さえておきたい。

　まず法令レベルでは、大学の第1・第2期課程における教育課程の大枠を定めた1997年4月30日付省令を見ておきたい。同省令では8種類の免状について、総教育時間数、演習や実習の割合、モジュール（科目群）の割合、開講されるべき主な科目等が規定された。

　この省令の規定における特徴として以下の2点が指摘できる。第1点は、演習や実習が少なからぬ割合を占めるよう規定されていることである。最も少ない「法学・政治学」でも総教育時間数の20％以上を、最も多い「科学技術」においては50％以上をこれらで占めることが定められている。演習や実習は講義と比べて細かい指導が可能であり、多人数講義の欠点を補うものと期待される。また、そのような性質をもつため、職業教育化との関係でいえば、実用的な能力を習得するのに適している。第2点は、「総合文化・表現科目群」が設けられており、特に現代外国語実習が強調されて

---

[108] 1984年7月16日付国民教育省令「大学科学・技術教育免状」第1条。
[109] CNE, *op.cit.*, 1990, p.17.
[110] 1984年7月16日付国民教育省令「大学科学・技術教育免状」第6条。

いる点である。これは、EU 統合や経済の国際化を視野に入れてのことと考えられ、実践的な外国語能力の習得による将来的な国際的競争力の強化策と見ることができる。

　次に、個別大学の教育課程レベルで職業教育化の進行について、ストラスブール第１大学とディジョン大学の経済学系の分野を事例として取り上げ、職業教育化の進行状況とその特徴を考察したい。前者については 1984 年の法改正前と後とでの DEUG の教育課程の比較、後者については DEUG の教育課程と新しく創設された同大学の IUP のそれとの比較を行う。

　ストラスブール第１大学については、相互に対応する DEUG として「経済学」（82 年）および「経済学・経営学」（99 年）を分析対象とした。両者の教育課程における総時間数に対する演習の占める割合は、82 年の 17.8% から 99 年の 32.1% へと倍近く増えている。また、授業科目としての「外国語」は時間数にほとんど変化はないが、講義で行われていたものがすべて演習で行われることになった。さらに、99 年には職業教育的な科目も設けられており、第１学年第１学期に配当されているモジュール（科目群）には「企業観察・報告書提出」という科目が含まれている。これは企業に関するフィールドワーク的内容を含んでおり、学術的な知識の習得というよりも、むしろ将来の進路となる可能性の大きい実業界に関する実際的な知識を身につける教育内容といえる。これに対応するものは 82 年には見られない。

　ディジョン大学については、経済学系のコースとして伝統的な「経済学・経営学」と新しい学際的な「AES」の２つの DEUG と、IUP の「企業経営・管理」を分析対象とした。ここでは同一年度（1999 年度）における教育課程の比較を行った（IUP は第１期課程に相当する第１年次のみを分析対象とする）。教育課程における総時間数に対する演習・実習の占める割合は、「経済学・経営学」で 29.4%、「AES」で 30.7%、IUP では 39.4%（教育専攻）・52.2%（文化専攻）となっている。IUP にはこれに企業実習（6 週間）もあることから、実質的な割合はさらに高いことになる。すなわち、伝統的な DEUG、新しい学際的 DEUG、職業教育を主目的とする IUP の順に実

習・演習の割合が高くなることを示している[111]。

　このように、フランスの大学教育においては、その職業教育化と教育条件の改善という２つの動きを背景とする教育課程の変化が見られる。具体的には、約20年前と比べて総教育時間に占める演習・実習の割合が増加したこと、職業教育的科目や演習によって教育が行われる英語を代表とする実用的科目が導入されていることの２点である。前者は教育条件の改善が主たる要因と捉えられるが、より細かい指導が可能であることから、職業教育目的にも利用可能である。後者は改めて述べるまでもなく職業教育化の流れを反映するものといえる。また、ディジョン大学の事例に見られるように、歴史の浅いDEUGないしは機関ほど演習・実習の占める割合が高く、教育条件が良いと同時に相対的に職業教育化の度合いが高いことも指摘できよう。

4．フランスの大学における職業教育化の特徴

　以上、大学第１期課程を中心に、新タイプの機関の創設、学際的免状の新設、カリキュラム改革の観点で職業教育化について整理した。このような大学における「職業教育化」は、

①産業、より一般的にはフランス経済全体に対して、今日確認されているような、あるいは将来に予測される雇用の輪郭により適った、あらゆる資格水準の労働者のプールを大学が提供すること。
②若者の社会的要望により良く対応するために、バカロレア取得者に新たな成功への道を開くこと。

を目標とするものである[112]。この流れの中には、高度化した社会において、

---

111) ここでの分析の詳細については、拙稿「フランスにおける大学の教育課程と職業教育化・教育条件の改善——経済学系第１期課程を中心に——」フランス教育課程改革研究会編『フランス教育課程改革』（2003年）、参照。
112) CNE, *Universités: les chances de l'ouverture*, La Documentation française, Paris,

よりレベルの高い技術者の養成、特に近年においては産学協同をも含めた、即戦力となる労働者の育成という視点が見出される。高等教育の中でもとりわけ非効率であると批判される大学の教育を、科学技術や経済の発展を促進する方向で改革したものといえる。

第3節　学生の能力・適性に合わせた教育

　上に示したような教育制度上の改革だけでは、第1期課程における学生の「蒸発」という問題に十分に対処することはできない。というのも、学生の「蒸発」や学業上の失敗は、能力や適性に合っていない教育や不十分な教育・指導体制もその大きな要因となっているからである。次に、この点に関しての改革動向について検討して行くこととする。

1.「DEUG・リサンス・メトリーズに関する省令」
　　（1992年5月26日付国民教育省令）

　学生の能力・適性を考慮した教育改革を検討する上で、重要になるのが「DEUG・リサンス・メトリーズに関する省令」（1992年5月26日付国民教育省令、以下、「92年省令」）である。92年省令は、国民教育・文化大臣であるラング（当時）によって出されたもので、1981年のミッテラン政権成立後の大学教育改革の動向を端的に表すものである。またこれは、「大学2000年計画」およびそれを基本的に支持しているCNEの全体報告書（*Où va l'université?*）の趣旨、すなわち、大学をもっと現代的・大衆的な組織にしようという流れを反映している。

　92年省令は全26条で構成されているが、特に注目されるのは以下の2点である。第1点は、職業生活への適応が、大学教育の主要な目的の1つとして明確に示されていることである。92年省令の第1条において「大学一般教育の第1期課程は……（中略）……学業継続あるいは就業に向けて学

　1991, p.92.

生に対して準備教育を行う」と、第2条において「大学教育の第2期課程は……（中略）……職業生活あるいは高等教育第3期課程での学業継続に向けて学生に対して準備教育を行う」と規定されているように、大学が職業生活へ向けての準備を行うということが明示されている。

　第2点は、学生に対する指導が強調されていることである。92年省令の第5条および第6条においては、学生が進路指導を受けられること、「チューターにつくことができる」ことが定められている。また、第14条においては、「高等教育の異なるコース間の進路変更と学業再開の可能性の拡大」が謳われている。さらに第13条では、進路指導と関連して、大学が「受入・情報提供週間を準備」して、就職情報を含む大学に関する手厚い進路指導を行うことを求めている。このような動向の背景には、すでに述べたように、国際的経済競争にいかに勝ち抜くかというフランスの国家的課題と、資格をもった人材、研究技術者・技師等が不足しているにもかかわらず、大学においては、半数以上の学生が何の資格・免状も取得できずに離学しているという問題状況とがある。資格社会のフランスでは、資格を持たない者は長期の失業あるいは不安定な雇用に直面することになるので、多数の失業者を生み出す大学教育を改善することが試みられてきた。この省令は、職業教育化と手厚い指導により社会的に必要とされる人材を育てることで、この課題に応えようとしたものであるといえよう。さらに、この省令に示された大学教育の職業教育化といわば「育成的大学教育」ともいうべき方向性は、大衆化した大学における教育のあり方について、1つの可能性を提示するものである。

2．情報提供と指導

　複数種類の性格の異なるコースが存在する場合、一般に、少なくとも制度設計者の意図においては、学生がそれぞれの能力・適性に合ったコースに進むことが想定される。フランスにおいては、第1期課程改革の一環として、学生をその能力・適性に合ったコースに指導するための努力がなされてきた。より具体的には、中途退学や免状への不合格者を少しでも減ら

すために、アカデミックな長期教育に向いていない者を職業教育へと方向づける方法が検討されてきた。
　CNEは、1989年の報告書において、学生への情報提供と学生の指導が緊急性を要する課題であることを指摘した[113]。92年省令においては、それらを実施することが定められている。この省令の第13条は以下のように規定している。

> 第13条　新入生の順応を奨励するために、大学は受入・情報提供週間を準備する。それは、教育組織についての情報提供、すでに大学の課程に入っている在学生との会見、大学の専門領域および図書館の見学、体育および文化活動の紹介を含むものである。大学は、専攻領域の予想される就職先に関する情報を提供する。このために、大学と職業組織あるいは職業間組織との間に協定を結ぶことができる。

　このように、大学は新入生の受入および情報提供のための期間を用意することとされている。この期間には、教育組織、大学の専門分野、予想される就職先に関する情報が提供され、在学生との会見、図書館の見学、体育および文化活動の紹介などが行われることになった[114]。

3．モジュール制の導入

　上記の仕組みは、進路変更が行われることを前提としている。したがって、この進路変更が円滑に行われる仕組みが、さらに工夫されなければならない。この点の改革がモジュール制の導入である。モジュールは「学問的特徴が明確な教育のグループであり、科学的および教育的一貫性をもつ」[115]、いくつかの関連する科目を同じ学問分野グループに再編成したもの

---

113) CNE, *op.cit.*, 1989, p.173.
114) CNEは、情報提供および指導の手続きのモデルケースとして、クロード・ベルナール・リヨン第1大学の方式を引き合いに出すことが多い。第7章参照。
115) 1992年5月26日付国民教育省令第5条。

で、CNE はこのシステム導入を提唱していた。それは、従来の履修単位制よりも広い教科領域をカバーし、しかも累積可能であるため、いくつかの利点がある。その主要なものとしては、まず第1に、決定的な失敗をある程度回避できる点である。すなわち、DEUG の取得あるいは医・歯・薬学の第2期課程への進級に失敗した場合、進路変更した学生が既得のモジュールを保持できるため、再登録した際にそれまで学習したことが無駄にならずにすむことになる。第2に、学生のレベル等に合わせて学習期間を延長したり短縮したりできる点である。DEUG への準備を2年以上に振り分ける可能性が拡大されることから、特に社会人学生や留年した者にとっては望ましい形式である[116]。

　モジュール制の導入によって、進路変更と学習期間の伸縮とが容易になるだけでなく、理論上、編成の仕方によっては、学生のレベル・将来展望・要求への対応が可能となる。たとえば、教育困難な学生用の補習教育モジュール、能力の高い優秀者向けのモジュール、研究者志望の者向けの方法論モジュール、長期教育を希望する技術バカロレア向けのモジュールなどである。これまで、そのままでは大学の教育についていけない者（主に技術バカロレア取得者）向けのモジュールを編成することもできる。逆に、優秀者向けのモジュールでは CPGE 等の選抜的なコースに在籍していた良質の学生を引き寄せることも期待される[117]。さらには、第1期課程の基本構造を変えることなく、そこに職業的な教育のコースを導入し、それを発展させることもできる[118]。

　CNE が推奨していたこのモジュール制は、実際に導入されることになり、上述の92年省令の第5条および第6条において、モジュールが、進路変更、再履修、パートタイムの就学を可能にするものでなければならないこと、「それぞれの DEUG は、特別の規定を除いて、8〜10のモジュール

---

116) CNE, *op.cit.*, 1990, p.21.
117) *Ibid.*, p.21.
118) *Ibid.*, p.21.

で構成される」ことが規定されている。そして、第1期課程を第1段階と第2段階に分け、さらに第1段階を2期に分け、その第1期および第2期の終了時に学生が指導を受けることができるようにするとされている。

かくして、フランスの大学第1期課程においては、情報提供と指導の実行、そして進路変更を容易にすることでその補完をめざすモジュール制の導入によって、学生の能力・適性等に対応する教育を行うことが志向されたといえよう。

第4節　フランスの大学第1期課程改革の構造

以上に示したフランスの大学第1期課程改革を要約すると、第1に機関やコースの新設、教育課程の改編等によって「職業教育化」を推進することにより、必ずしも伝統的な長期教育になじまない学生が成功する場を設けるとともに、経済的要請にも応えようとしている。その上で第2に、情報提供・指導の充実や進路変更の促進等によって「教育の適性化」を図ることにより、学生がその能力や適性に合った進路を取って成功する可能性を高め、大学教育の効率化を図っている。たとえるならば、前者は改革のハードウエア部分を、後者は改革のソフトウエア部分を構成している。

ここで考察した改革に対しては、大衆化した大学・高等教育における教育のあり方に関する示唆的な点および問題点が指摘できる。まず、改革の第1の軸である「職業教育化」に対しては、大学において職業教育を行うことに対する反発があり、短期高等教育機関を大幅に拡充してそこに職業教育を委ね、大学は専ら専門的知識人の養成につとめるべきであるという考えもあり、このような方向性についても吟味される必要があろう。また、「職業教育化」を推進するにしても、大学の人的・物的制約の中でどこまで有効な教育が行われ得るのかという点、さらには、より職業的な教育を充実させることによって、教育とならぶ大学の重要な使命である学術研究を行うことに支障をきたす危険性はないのか、このような教育を担当する大学教員の研究時間をいかにして確保するのか、という点についても十分検

討される必要があろう。

　しかしながら、フランスにおいてとられている「職業教育化」の方向は、大衆化という状況の中で、従来の大学の使命の枠内におさまらない者に対する教育のあり方について、1つの可能性を提示したものといえよう。すなわち、経済的・社会的要請を視野に入れて、実生活への準備を行う教育を提供するという新しい使命を大学に付与することによって、学生の就職の可能性を高め、従来の方式では、将来の職業生活において成功し得なかったすべての学生に対して成功の道を開くという視点が、そこに見出されるのである。

　次に、第2の軸である「教育の適性化」は、教育を実質化させるという意味においては欠かせない視点の1つといえる。たとえば、学生の学習能力について見るならば、多様化した学生に対して限られた数のコースで教育が行われるならば、そこでの教育は優秀な者にとっては満足のいくものではないであろうし、逆に学習困難な者にとっては十分に理解できないということになろう。そして、教育のレベルと学習能力とが合致する一部の者にとってのみ、有効な教育が行われるということになる。これに対して、それぞれのレベルに見合った教育が準備されるならば、この意味においては教育が実質的に保障されることにつながると考えられる。

　ただし、この点に関しては、能力や適性などに見合った教育をどこまで準備可能か、実際に指導や進路変更が予定された通りうまく機能するのかといった問題が残る。また、学生の能力や適性を見極める方法、学生の希望や意思の位置付け、進路変更を余儀なくされた不本意就学者にする動機付けといったことも、これと大きく関係する問題として指摘できる。最後に、上述のような改革を進めるにあたっては、当然それを支える人的および物的な手段が必要となるが、教員および非教員の人的スタッフや設備が要求水準に達していない[119]ことも、別の次元の課題としてあげられる。

---

119) *Ibid.*, p.19.

第3章
全国的高等教育政策と CNE の勧告

第1節　CNE による大学第1期課程改善のための勧告

　前章において大学第1期課程の改革に対する考察を行った。これをふまえて本章では、高等教育改革において、とりわけ大学の第1期課程の改革において CNE が果たした役割に焦点を当てて分析する。既述のように高等教育の、とりわけ第1期課程の問題状況を改善するために、CNE はいくつかの報告書において、その改善策を勧告の形で提示してきた。その中で、1990年前後の報告書において CNE が最重要視しているのが、学生に対する進路指導の強化であった。つまり、高等教育へのアクセスは制限しないが、能力、適性、動機、志望、中等教育段階までの準備状況などに応じて、後の進路変更も含めて適切なコースへと学生を進路指導することである[120]。
　これは、一方では大学と他の高等教育機関、とりわけ IUT や STS といった短期高等教育機関との間での、他方では大学内において伝統的な長期教育コースと新しい職業教育コースとの間での学生数の適正化を図ることにつながる。この場合、具体的には長期課程に向いていないバカロレア取

---

120) CNE, *op.cit.*, 1989, pp.18-22, 172-174.

得者や、それを希望していないがSTSやIUTに合格しなかったために大学に登録したバカロレア取得者を、短期高等教育に居場所を見出すよう導くことに主眼がおかれていた[121]。

　進路指導の方法に関しては、CNEは必要な情報を提供しそれを基に個々人が将来計画を立てるよう支援することを、つまり、学生に対して希望する進路に関することを教え、各人がその選好や可能性によりよく気付くよう支援を行うことを提唱した。そのために、高校と大学との間の調整、高校教員と大学教員との間の連携、情報提供や進路指導に関する専門サービスの充実、進路指導心理カウンセラーの活用などが勧告されている。さらに、このような形での進路指導は高校第2学年時から継続的に行うこと、および、大学の第1学年を最終的な進路決定のための期間として位置づけることとした。すなわち学生の進路指導、社会の要求としての天職によりよく対応する教育コースの選択は、大学入学前に行われること、後の進路変更の可能性が用意されることが提言された[122]。

　このような進路指導を可能にするためには、伝統的な長期教育コースになじまないバカロレア取得者を受け入れるための職業目的の短期教育コースを創設する必要がある。この点に関してCNEは、「アカデミックな長期教育よりも、職業教育へと続く短期普通教育を求める当該年齢人口の大多数の要求に、きちんと応えなければならない」として、相互の進路変更措置を伴った2つのタイプの第1期課程を用意することを提唱した。1つは長期教育（リサンスやメトリーズ）への準備のための第1期課程で、より高い入学要件が求められる。いま1つは職業教育へと続く2年間の普通教育の第1期課程で、現行のDEUGほど抽象的でないが、IUT・STSとは違って選抜のない開放的なものであり、職業教育の前に確固たる基礎普通教育を提供するものである[123]。

---

121) CNE, *op.cit.*, 1990, p14.
122) *Ibid.*, p.16, CNE, *Universités, la recherche des équilibres*, La Documentation française, Paris, 1993, pp.72-73.
123) CNE, *op.cit.*, 1989, pp.25-26.

また、大学第1期課程の多様化、すなわち、大学内に職業志向のコースを設けると同時に全国・地域の経済的要求を考慮に入れて、技術系バカロレアをより多く入学させるようIUTやSTSを拡充し、入学選抜のある短期教育によって提供されるコースの定員を増大させることも提言された。さらに、とりわけ技術バカロレア取得者および職業バカロレア取得者に対して、初職に就いた後に継続教育による教育再開を容易にするために、アクセス可能な職業目的の短期教育を創設することが提言された[124]。

　この他にCNEは、前章で示したように、進路変更を容易にするための措置として、全体的一貫性に留意しながら少数のモジュールの形で第1期課程を組織することも提言した[125]。92年省令ではその方向での規定がなされている。この省令においては、大学第1期課程におけるチューター制度、新入生受入・情報提供週間の設定、同期間中における大学の紹介（教育組織、専門分野、就職、在学生、図書館、体育・文化活動など）についても規定されている。

　以上、CNEによる大学第1期課程改善のための勧告を要約すれば、進路指導の強化を軸として、職業目的の短期教育コースの創設とモジュール制の導入でこれを補強する形での改革を提唱しているといえる。

第2節　CNEによる改革の成果に関する評価

　1995年に出版されたCNEの報告書 *Evolution des universités, dynamique de l'évaluation, 1985-1995*（『大学の進展、変化のダイナミクス』、以下「95年報告書」）は、設立以降10年間のCNE活動を総括している。この報告書の中で、大学第1期課程改革の成果について相当のページ数が割かれている。そこでは、大学第1期課程の改革に関して、一定の成果は認められるものの、それは必ずしも期待されたほど高くはないとして、その要因がいくつ

---

124) CNE, *op.cit.*, 1990, pp.18-19.
125) *Ibid.*, p.23.

かあげられている。それは、大まかに制度的要因と教育上の要因に分けられる。

1．制度的要因

制度的要因としては、モジュール制の効果の不十分さ、チューター制の機能不全、進路指導の困難さ、の3点があげられている。

まず第1に、蓄積可能なモジュール制の効果が不十分であったことについては、モジュールの組織は「過度に多様化した履修単位制と比べると改善されているので、望ましい効果も生じている」が、「かつては年度ごとに組織されていた教育の単一性を解消させるという点において、消極的な結果しか生じなかった」[126]としている。モジュール制が導入されることになり、それによって教育を組織する大学が多数派になっているとはいえ、第1期課程の組織は大学ごとで異なっている。つまり、大学ごとで、モジュールの選択は制限されていたり（「コース料理」方式："menus"）、逆に自由度が高かったり（「一品料理」方式："repas à la carte"）しており、また、モジュール内の科目間の点数の補填が認められていたり、認められなかったりする。全体的には、モジュールの選択および補填について自由度が高いほど試験合格率も高くなる。しかし、この場合はリサンス段階での不合格率が高くなる傾向にあり、その効果が最終的には相殺されることになる。

第2に、モジュール制と合わせて採用されたチューター制についても、問題が指摘されている。これは、主として、チューター制が十分に機能していない事例が少なからず存在していることを意味している。CNEが推奨するチューター制の要点は、以下の5点である。

① 経験豊かな教員を確実に配置して、チューター活動を指導・調整・管理させる。
② チューターは希望に基づいて第3期課程の学生から採用する。

---

126) CNE, *op.cit.*, 1995, p.96.

③　小規模のグループに組織する。
④　チューター制度の目的（たとえば、大学自体に関する学習、その機能の学習、文献調査・学習技術・専門用語・情報機器といった方法論の援助など）は明確でなければならない。
⑤　チューターは教員に対する仲介者の役割を果たす。

　しかしながら、チューター制が、時としてその目的から外れていたり、チューター任せにしているために非効率になっている場合があること、したがって、関係する教員が関心を持たなければ有効に機能しないことが指摘されている。チューター制が学生のみによって行われた場合、上級のコースを確実にこなす術までは身につけられないために、分野によってはリサンス段階での失敗も増大するのである。さらに、たとえCNEが提唱するような形でチューター制が運用されていても、現代学生の気風からくる一定の限界を有している。この点については教育上の要因として後述することとする。

　第3に、CNEが最も強調していた改善策である進路指導についても成果は十分でなく、「第1学期の終わりでの評価は進路変更の役割を果たしていない」としている[127]。その理由の1つに、CNEが提起した形での進路指導について、まだ現場での経験が十分蓄積されていないことがあげられている。しかしながら、先導的にこの点に取り組んでいた大学において、すでに問題点は指摘されていた。つまり、1学期という期間はあまりに長すぎて、最初から長期課程に向いている者にとっては時間の浪費であり、また、2年間でDEUGを取得するには不適切であるとすぐに断言できる者にとっても長すぎるのである。たとえば、モンペリエ第3大学においては、これが10〜15％の学生にとってのみ有効であったと推計されている[128]。

　進学前の進路指導についても、やはり成果は十分でないとされている。

---

127)　*Ibid.*, pp.96-97.
128)　CNE, *op.cit.*, 1990, p.20.

その理由としては、まず「高校生とそのキャリア・プランの間にバカロレア試験のタイムリミットが遮断壁を作るために、最終学年は進路指導にあまり向いていない」[129]といった進路指導システムの欠陥があげられる。これに加えて、学生の心理傾向の問題が大きく影響しているとの分析もなされている。つまり、明確な動機を持っていない学生、現実的なプランや特定の就職先も考えないで進学している学生、必要とされる勉強との関係で自らの能力を自己評価しない学生が、数多く存在していることが問題となっている。このような学生が進路変更する要因は、流行であったり、大学による最終勧告であることが多く、将来を見据えた強い希望や自分の適性を見極めた結果ではない。すなわち、問題とされるべき、言い換えれば、より適切な進路指導が必要とされる学生に対して、必ずしも有効に機能していないのである。

2. 教育上の要因

教育上の要因については、高校までの教育システムと大学の教育システムの違い、そして、「スタッフはいるが受動性の源である学校システムから、大学システムへの移行が困難なこと」[130]に起因しているものがある。すなわち、大学の教育スタイルにうまく順応できない学生の資質・力量の問題である。

まず第1に、学生の能力上の問題である。これは、学生の有している基礎知識と大学において要求される知識とが適合していないことを意味している。公理化や数量的技術を用いる教科に不可欠な手段である知識、とりわけ数学の知識の不足、抽象的概念の習熟の欠如、抽象化の困難性が指摘されている。さらには、総合的な見方、問題分析の仕方に問題があったり、レポート作成能力が不足していたりすることも問題視されている。

第2に、学習方法に関する厳格さの不足である。大学での学業は、自ら

---

129) CNE, *op.cit.*, 1995, p.99.
130) *Ibid.*, p.98.

時間を管理し、集中し、記憶を用い、効果的に整理された講義ノートやカードによってメッセージの形跡を保つことを前提とする。しかし、ノートの取り方にも問題があるなど、これらが十分に行えないことや、努力を長く維持する能力や、それを実行するための決断力の不足が指摘されている。学習における粘り気と熱心さが欠如している学生が多く存在しているのである。このようなことから、さらに知識を構造化したり、熟考したりしないで、獲得した断片的な情報を直ちに利用する傾向、すなわち「詰込＝吐出」（ingurgitation-régurgitation）現象が見られるようになってきている。

また、一方では学生数の増大に伴う要因がある。これは個々の学生だけの問題ではなく、教育環境・体制の問題でもある。具体的には、学生数の増大によって演習グループの規模が拡大したり、大量のレポートに十分な添削ができなかったりしており、きめの細かい指導が困難になっている。この他にも、スタッフ不足、複数の文献を使う講義よりも1冊の教科書を用いる「詰込式学習」、講義と演習との間の調整不足、さらには学生に関する調査の欠如等もあげられる。こうした教育環境の中で、非常に多数の大衆的学生が在籍している大学第1期課程においては、自らの進路を見失ってしまう学生が少なからず存在しているのである。また、講義や演習への出席者数の増大による教育環境の悪化は、不合格者の増大をもたらし、次々と違うコースに登録する学生が生じることにつながる。そして、大学の学生管理能力が限界に達するという問題も生じることになる[131]。

さらに、CNEは教員の教育負担の問題を、いかなる資金投入をもってしても解決できない重大な困難と位置づけている[132]。全教員に対して教育負担の調和的配分がなされていることは稀であり、第1期課程の教育をアグレジェ教授（Professeur agrégé）やセルティフィエ教授（Professeur certifié）[133]、

---

131) *Ibid.*, pp.96-101.
132) *Ibid.*, p.105.
133) アグレジェ教授およびセルティフィエ教授は、大学で授業を行うことができる上級の資格を有する中等教育教員であり、大学において語学教育等を担当している者もいる。

第3章 全国的高等教育政策とCNEの勧告

さらには非常勤教員（vacataires）等に委ねている場合が多いとする。これら2つのカテゴリーを中心とした中等教育教員（他に体育・スポーツ教授など）の資格を有する大学教員（IUT教員を除く）の割合は、全体の約1割程度となっている。特に文学系の学問分野はその比率が高く、全体の約4分の1を占めている。第1期課程に全力を注いでいる大学教員もいるが、そのような大学教員は研究責任が十分に果たせていないことがある。このことは学生の困難性を悪化させることにつながるのである。

第3節　CNEによる新たな勧告

　問題状況が十分に改善しない大学第1期課程に関して、CNEは、1995年の報告書において、上述のような現状をふまえて新たな勧告を行っている。勧告の内容は以下の6点である[134]。

　第1に、大学教育を受ける上で必要なことを大学が学生に明確に示すことである。高等教育の使命は、その教育に準備がなされている者をより多く教育するという期待と要求に応えることであるとした上で、大学教育は難しく、注文が多いものであることを明言しなければならないとしている。

　第2に、各高等教育機関、各コースへの学生配分のバランスを取ることである。大学教育は、知の伝達と研究活動に基礎を置く知の革新との間の恒常的関係によって特徴づけられることを前提とし、学習レベルに明確に気を配ること、既得の知識・嗜好・動機を考慮して、確かな成功可能性があるコース間の選択の自由を、バカロレア取得者に保障することを勧告している。

　第3に、進路指導を確実かつ現実的なものとして強化・改善することである。その際に、あるコースで成功する可能性がわずかしかないバカロレア取得者がいることを踏まえて、当該コースへの関心やその就職先よりも学生の能力要件をいっそう強調すること、学生に対してはテスト等により

---

134) CNE, *op.cit.*, 1995, pp.110-112.

能力と動機の自己評価をさせ、納得させることとしている。また、強制力を伴わない進路指導からは具体的な結果は何も生じないとしている。

　第4に、進路変更の措置と可能性を保障することである。STS あるいは IUT 修了者で能力のある学生の大学への移行を過度に制限しないこと、大学第1期課程と IUT との間のより大きな流動性を推奨することも、これに含まれる。また、継続教育を当たり前のものとして定着させ、リカレント教育の観点から、初職に就いた後に高等教育に戻ってきて免状取得を希望する者に、その機会を開放することも勧告されている。

　第5に、教員が第1期課程の教育に多大な尽力をなすことである。このためには、少人数教育の実施や、知識の付加ではなく知を段階的に導くカリキュラムの開発が必要とされる。さらに、教育の内部評価をコースごとに実施することで、教育方法を改善しなければならないとしている。

　第6に、大学に課されている負担を、増大しないようにすることが望ましいとする立場から、手続きを調整し、全体の効率性を改善するために、あらゆる組織に時間を与えることである。

　本章前半部分で示した状況を考慮すると、これらの新しい勧告には、いくつかの問題点がある。まず、これらの新たな勧告には矛盾やジレンマもあり、大学に対して過酷な要求をしているのではないかということがあげられる。十分に準備ができている者への教育が高等教育の使命とする一方で、必ずしも大学教育に対する準備ができていない者も含む、すべての希望者に対して教育を行うことが主張されている。また、教育と並ぶ大学の使命である研究活動の重要性についても触れられてはいるが、それ以上に教育に力を入れることが強調されている。さらに、大学の負担を増やさないとしつつも、進路指導や進路変更措置、リカレント教育、手厚い少人数教育などの実施を勧告している。これらの業務は、人的・物的・時間的に多くの労力を必要とすることは明白である。

　もうひとつの問題点として、技術上の問題の検討を欠いている点があげられる。進路指導や進路変更措置などは、CNE の初期の報告書においても繰り返し言及されており、必ずしも目新しいものではない。しかしながら、

この点に関する勧告は、依然として抽象性の域を出ない。つまり、具体的な方法論の提示やCNEの勧告が実施された場合に生じると予測される諸問題の検討を欠いている。CNEが行うべきか否かは別として、進路指導・進路変更の方法など、対策の技術的な側面の研究が必要ではないかと思われる。

このような問題点はあるものの、これらCNEによる新たな提言は、よりいっそうの高等教育改革、とりわけ大学第1期課程の改善を促進させるためのものであることに変わりはない。それ自体は否定されるべきことではない。全国的な高等教育改革に資することはCNEの活動の重要な柱の1つであり、これらの提言はその役割に応えようとするものである。実際に、そこで示された方向性が、後の改革の中に見出されるのである。

第4節　1997年における省令改正

1.「DEUG・リサンス・メトリーズに関する省令」
　　　（1997年4月9日付国民教育省令）

上述のCNEの95年報告書の2年後の1997年4月9日に、国民教育大臣フランソワ・バイル（当時）によって「DEUG・リサンス・メトリーズに関する省令」が改正された（以下、改正後の省令は「97年省令」）。この改正においては、92年省令で示された方向性がより強化され、情報提供、学生指導、進路変更措置、チューター制の充実等がより明確に位置づけられるとともに、教育の評価に関する規定も新たに盛り込まれることとなった[135]。

情報提供と指導に関しては、97年省令においては、第1期課程および第2期課程の教育は2年間で編成され、「各学年は2つの学期に分かれる」と規定され、セメスター制の導入が明記された（第1条）。その上で第6条で、

---

135) 大場淳「フランスの大学における『学力低下』問題とその対応」『広島大学大学院教育学研究科紀要　第3部（教育人間科学領域）』第52号（2003年）377頁。

第1期課程第1学期は「進路指導学期」と位置づけられ、学生が大学において「1または複数の学問分野に取り組むこと、進路変更可能な他の学問分野を見付けることを可能にする」場であり、ここで「最初の選択の妥当性を吟味し、それを確認または修正することができる」とされた。

さらに、この学期は、希望する学生が他専攻のDEUGへの進路変更の準備をすること、異なる種類の教育（IUT、STS、CPGEなど）に志願することを可能にするものと規定され、第1期課程における進路変更の可能性と方法を、より明確に示している。さらにその具体的な方法についても、学長が任命する指導委員会が進路変更を希望する学生の学力・適性を評価し、学生本人が、①最初に選択したDEUGで学業を継続すること、②他のDEUGに進路変更して学業を継続すること、③他の教育コース（IUT、STS、CPEG等）への進路変更希望を出すことのいずれかを選択することが定められた（第14条）。

教育の編成に関しては、第5条において、教育は「一貫性をもつ教育・活動群で構成される」「累積式の教育科目群で編成され」、合格の可能性を高めるために「適切な規模で、とりわけ講義、演習、実習、個別学習（チューター付計画、研究報告、自習、実習……）の形で行われる」こととされた。そして、第1学年第1学期は当該DEUGの特徴を表す「基礎教育科目群」、関係する学問分野について学ぶ「関連領域教育科目群」、大学での学業成功に必要な方法論・実践・技法の訓練を可能にする「学習方法論科目群」[136]の3科目群で構成されること、第1学年第2学期は「基礎教育科目群」（進路変更した学生に対する補習教育を含む）、学問分野の教育的・学術的必要性を中心に置く「方法論科目群」、学術活動の状況およびその発展史の理解に資するとともに現代外国語およびコンピューターの実践を可能にする「一般教養・表現科目群」の3〜4の科目群で構成されることとされた[137]。

---

136)「学習方法論科目群」は、「各学生が自らの教育計画を構築し、大学での学業と生活、文書および口頭のコミュニケーション、外国語実践において自律能力を高めることを可能にするもの」であるとされている。1997年4月9日付国民教育省令第5条。
137) たとえば、ナント大学の第1学年第1学期に設けられている「方法論研究科目群」

個別的な学生支援については、第1期課程第1学年の教育は付添指導チューターによる支援を含むこと、チューターは教員および教員＝研究員の教育責任の下で第2期課程または第3期課程の学生によって実施されることが示され、指導措置に関してもより詳細かつ明確に定められた（第5条）。また、「困難に直面している学生に対する支援教育を編成すること」も可能になった（第6条）。

　教育の評価に関しては、それぞれの教育・養成活動について行われることとされた。それは、同数の学生と教員によって構成され各教育プログラム毎に設けられる委員会によって、教育や養成の目標に準拠して行われ、学生による評価を含むものである。その具体的な方式については、「教務・大学生活評議会の意見を聴取した後に当該機関の管理評議会が定める」こととなっている。教育の評価の目的は、第1に「各教員がその教育科目に対する学生の評価をよく知る」ことであり、第2に「関係する教育における教育組織の評価」を可能にすることである（以上、第23条）。この措置の特徴は、学生の役割の大きさである。一方では授業評価アンケート等に回答することで、他方ではその代表者が評価委員会の委員となることで、教育の評価に参加している。これは、教育を改善するために学生の視点を取り入れようとするものといえる。

2．CNEによる提言と1997年省令の内容

　以上に示した97年省令の規定内容、すなわち大学第1期課程の新たな改革の方向性と、CNEの改革提言、とりわけ95年の報告書におけるそれとの関係について見ておきたい。

　まず、情報提供と指導に関しては、CNEは第1学年における進路指導が、経験の蓄積の不足などもあって不十分であることを指摘し、新たな改

は、「英語」、「大学での学習方法論」、「経済学への応用学習方法論」の3科目で構成されている。このような大学での学び方を教える科目群が設定されていることは、大学の大衆化に伴った大きな変化の1つといえ、離学者を減らすための取組の一環として捉えることができる。

革提言を出している。先に示した6つの新提言では最初の3つがこれに関係する。すなわち、大学での学び方を伝えること、機関間・コース間の学生配分を適切にすること、進路指導を強化・改善することである。確かにCNEは95年報告書において具体的な方策については言及していないが、そこで示している方向性は、第1学年第1学期を「進路指導学期」と位置づけて進路選択の妥当性を考えさせるという97年省令のそれと同じといえる。

　進路変更については、CNEはその措置と可能性を保障することを提言しており、IUT等との間の学生の流動性を奨励している。また、進路指導との関係で、不適切なコースに進学したと思われる学生には、テスト等により自己評価をさせて納得させることも提言している。97年省令では、他の教育機関との間での進路変更も含め、92年省令よりも進路指導学期における進路変更の可能性・方法を具体的に示している。また、進路指導委員会による学生評価と、それに基づいて学生が最終的に判断を下すこととしている。これらの点はいずれもCNEの提言と基本的に同内容である。

　教育編成に関しては、CNEは、モジュール制の運用が各大学毎できわめて多様であることが、その効果の不十分さの一因であることを指摘している。CNEによって具体的な改善策は示されていないものの、97年省令ではモジュール制をいっそう規格化する形で、またCNEが示した問題点を修正する方向で、教育科目群として教育編成の大枠が示されている。

　モジュール制と同様に92年省令で規定されたチューター制についても、CNEは、運用上の問題から効果が十分でない場合があることを指摘し、その上で具体的にチューター制のあり方を示している。その中でも、教員の指導・管理下でチューター活動を行わせることや、第3期課程の学生から採用することは、97年省令に取り入れられている（ただし、97年省令では第2期課程学生の採用も可とされた）。

　最後に、教育の評価についてCNEは、教育の内部評価をコースごとに実施して教育方法を改善することを提言している（新提言の5番目）。これも具体的なことはCNEによって示されていない。しかし、92年省令では

規定されていなかった教育の評価が、CNEの提言と同じ方向性の下に、学生の参加を組み込む形で97年省令において新たに導入されたのである。

　以上のように、97年省令で指導、進路変更等に関して規定された内容は、CNEが95年報告書で行った提言と基本的に同じ方向性を有するものである。言い換えれば、CNEがそこで示した大まかな枠組が、97年省令で具体化・現実化された形になっている。97年省令は、直接的には1996年に出された上院の調査委員会の報告書やフォルー・レポートを受けて定められたとされる[138]。しかし、その規定内容の多くは、上に見てきたように、それらが出される以前に第1期課程の改革案として、すでにCNEが提唱していたものだったといえる[139]。

第5節　フランスの高等教育改革に対するCNEの大学評価の役割

1．CNEの活動と高等教育改革

　以上までにみてきたように、CNEが全体報告書等で提言してきた改革案のうち、少なからぬ部分が実際に高等教育政策として実施されている。CNEの提言の中で最重要の問題の1つとして位置づけられている大学第1期課程の問題に対しては、進路指導の強化を軸として職業目的の短期教育コースの創設とモジュール制の導入でこれを補強するというシステムを提唱した。そして省令でこのシステムが規定された。さらに、このような政策の実行から明らかになった不十分さを解消するためにCNEが行った新たな提言は、省令改正によって設けられた新たな施策と同じ方向性を有するものであった。また、ここで取り上げた大学第1期課程の教育改革は、フランスの高等教育の中でも最重要課題の1つであり、高等教育改革の重要部

---

138) 大場淳、前掲書（2003年）、377頁、岡山茂「アレゼールの目指すもの——フランスの大学改革におけるその立場——」アレゼール日本編『大学界改造要綱』（藤原書店、2003年）236頁。
139) これら報告書・レポートの作成の過程においては、CNE関係者への意見聴取がなされている。

分を構成している。CNEが提言したものと同内容の改善策が多く採用され、その中心に据えられたことは、フランスの高等教育政策に対するCNEの影響力を示すものといえよう。

1980年代から1990年代にかけての高等教育改革に関しては、その基礎となる現状分析が、CNEの大学評価によって大きく推し進められた。第1期課程に関しては、入学選抜があることでより良い教育条件が保たれているIUTやSTSに普通バカロレアが進学した結果として、技術バカロレア取得者が大学に押し出される形になり、その多くが失敗していること（「ねじれ現象」）、2年制の短期教育であるIUTの学生の多くが修了後に大学第2期課程で学業を継続していること、大学の教育方式の問題のために技術バカロレア取得者だけでなく普通バカロレア取得者も少なからぬ割合で失敗していることが、CNEによって明らかにされている。

第1期課程以外の問題についても、CNEの大学評価とそれに基づく分析作業から、たとえば、大学分校の役割の問題、教育時間の調整の問題、CNRSやINSERM（Institut national de la santé et de la recherche médicale：国立健康医学研究所）研究員による第3期課程以外の教育への参加などについて、その解決が図られるようになったこと、企業と大学との契約の多様性、質の高さ、あるいは逆に不足が明らかにされたこと、企業との関係や教員養成の重要性が強調されるようになったことが指摘されている。さらに、CNEの活動は、これらの作業を通じて、高等教育に関する数多くの新たな知見を世論に対して伝えるのにも貢献している[140]。初代CNE委員長であるローラン・シュヴァルツは、後に、CNEとその活動が、フランスの高等教育に起こった「変化の重大な要因の1つであったことは、確かであると思う」[141]と述べている。

また、近年における重要課題である欧州高等教育圏の構築およびそれに必要な高等教育の質保証においても、CNEは重要な役割を果たしている。

---

140) Laurent Schwartz, *op.cit.*, 1999, p.80.
141) *Ibid.*, p.81.

大場淳によれば、フランス国内における質保証の枠組は、事前的な教育プログラム評価である国民教育省の学位授与権認証と、自己評価を基にした事後的な機関全体を対象とした評価であるCNEの機関評価とを組み合わせたものであり、両者が相互補完的に大学教育の質を保証するシステムとなっている[142]。さらに、高等教育の国際化に関して、CNEは、質保証機関の連合組織である欧州高等教育質保証ネットワークの創設に参加するなど、欧州レベルの質保証の確立において重大な貢献をするとともに、国際的観点からフランス国内における評価活動の見直しを進め、新たな評価基準（「規準書（Livre des references）」）を策定し、これに基いて評価を行うようになっている[143]。

2. フランスの事例に見る大学の評価と改善

CNEの大学評価およびそれを基礎とする改革提言は、フランスの高等教育改革に対する影響という観点でみた場合、本章の主たる分析対象である大学の第1期課程の教育に関しては、とりわけその全国的動向について改革の方向性を提示するものであり、実際に多くの改革がCNEの示した方向に沿っていた。しかしながら、それを改善という観点で見た場合、少なくとも92年省令による改革を中心に考えると、CNEによる大学評価は一定の成果はあるものの改善の万能薬となり得なかったと言わざるを得ない。

その理由として考えられることは、評価と改善との間にいくつかの段階が存在することである。評価から改善へと向かうプロセスは以下のようになると考えられる。まず第1段階として評価が行われる（「評価」の段階）。第2段階として、評価から問題状況が認識される（「認識」の段階）。第3段階として、問題状況を解決するための対策が考案される（「対策」の段階）。最後に第4段階として、対策によって改善がなされる（「改善」の段階）。つ

---

[142] 大場淳「ボローニャ・プロセスにおける質保証の枠組構築とフランスの対応——評価の規準（standards/references）を中心に——」広島大学高等教育研究開発センター編『大学改革における評価制度の研究』（2007年）、59頁。

[143] 大場淳、前掲書（2007年）、57頁。

まり「評価」と「改善」の間には、「認識」と「対策」という段階が存在している。したがって、仮に妥当な評価がなされたとしても、問題状況の認識を誤ると、有効な対策は立てられないことになる。また、問題状況の認識が正確になされたとしても、対策の立て方を誤ると改善にはつながらないことになる。要するに評価は改善の必要条件ではあり得ても、十分条件ではないのである。

　もっとも、逆にいえば「認識」と「対策」が上手くなされれば「改善」に結び付く可能性が高まるのであり、その前提条件は「評価」がなされることである。また、このプロセスを一方向的なものではなく、改善された状況を再び評価するという循環過程として捉えた場合には、CNE の評価はまったく効果がないと判断するには早計であることはいうまでもない。このプロセスを繰り返すうちに、よりいっそうの改善がなされる可能性は十分にある。しかし、CNE の評価に関しては、すでに指摘したとおり、この 4 つの段階のうち「対策」の段階において、十分な考察を欠いているといえる。よって今後、改善策の技術的な側面の研究がいっそう重要な課題になってくると思われる。この点については、この役割を CNE が負うべきなのか、それとも CNE は大まかな方向を示すだけで具体的な事柄については個別大学に委ねるのかについても明確にする必要があろう。

　以上に提起した問題は、大学教育の改善を目的として評価を用いる際に、重要な課題の 1 つとなる。これは、フランスにおける大学評価にのみ該当する事柄ではなく、日本をはじめとする諸外国の大学評価に対しても非常に示唆的であると思われる。大学評価による改善を目指す際に、この点は今後の大きな課題となろう。

第4章
個別大学の改善に対する大学評価の影響

　前章までにおいて、第1期課程を中心に、フランスの高等教育の問題状況、その改革状況、CNE の大学評価と改革におけるその役割について考察してきた。しかしながら、度重なる改革にもかかわらず、その効果に対する疑問も提示されている。その理由の1つとして考えられるのは、実際に教育活動が行われるのは各大学においてであるという点である。つまり、全国政策に問題がある場合には、まずはそれを修正する必要があるが、その政策に一定の妥当性がある場合には、それが効果を発揮するか否かは個別大学次第であるということになる。そのため、全国的な制度改革に加えて、各大学における施策実施の段階が重要となるのである。

　各大学のいっそうの改善を期するべく、各大学に対して評価を行って勧告を行うのが CNE の最も中心的な活動である。すなわち、CNE による大学評価の第一の目的は、個別大学を評価することによって、その改善に資することである。また高等教育全体が真に改善されるかどうかは、個々の大学の改善が達成されるかどうかに左右される。そこで次に、ここまでの全国的動向の考察をふまえて、個別機関のレベルにおける評価と改善について検討する必要が生じてくるのであり、CNE の個別大学評価が評価を受けた大学にどのような影響を与えたのかが問われなければならない。

　以下この点に関して、大学評価の個別大学の改善に対する影響について、

第4章　個別大学の改善に対する大学評価の影響

次の2点から検討を行いたいと思う。1点はCNEの個別大学評価報告書が、当該大学でどのように取り扱われたのかである。ここではパリ郊外に位置するヴェルサイユ＝サン＝カンタン＝アン＝イヴリヌ大学（以下「ヴェルサイユ大学」）を事例として考察する。もう1点は契約政策において、CNEの個別大学評価がどのように反映されているかについてであり、いくつかの大学の事例を用いて考察する。

第1節　個別大学評価報告書におけるCNEの勧告と大学の対応
　　──ヴェルサイユ大学の事例──

　フランスにおける大学評価と大学改善の関係を、個別大学のレベルで考察するために、2005年3月にヴェルサイユ大学およびCNEに対して面接調査を行った。ヴェルサイユ大学では、第1回目の評価（1996年）においてCNEに勧告された事柄が、その後どのように扱われたのかを中心に質問した。CNEでは、評価者から見たヴェルサイユ大学の評価、大学評価全般についての課題や今後の展望等について質問をした。本章では前者が中心であるが、双方の調査日・場所および各機関における調査対象者は以下の通りである。

◆2005年3月7日　ヴェルサイユ大学サン・カンタン校
　・Annie Bartoli 副学長
　・Martine Stern 教授（第1回評価時に副学長）
　・Alain Kokosowski 教授（教育科学専攻）
　・Philippe Hermel 教授（人文・社会科学部長）

◆2005年3月8日　CNE本部
　・Bruno Curvale 特命官
　・Jeanne-Aimée Taupignon 特命官（ヴェルサイユ大学第1回評価を担当）
　・Annick Rey 調査官補佐（ヴェルサイユ大学第1回評価時に同校事務官）

第1節　個別大学評価報告書におけるCNEの勧告と大学の対応

　ヴェルサイユ大学での面接調査においては、第1回目の評価とその後の改革を中心に質問を行った。すなわち、上述の第1回評価報告書のCNE勧告に対して、その後どのように対処したのかを尋ねた。勧告への対応の仕方は、①CNEの勧告にしたがわなかった、②CNEの勧告に同意はするがしたがわなかった、③CNEの勧告を実行した、の3通りに分類される。以下、それぞれについて、面接調査を中心に、同大学のホームページ上の情報や個別大学評価報告書、全体報告書、高等教育関連文献・資料などをもとに事例的に考察し、CNEの評価が同大学の改革に与えた影響の分析を行う。

1. ヴェルサイユ大学評価報告書におけるCNEの勧告

　CNEによる評価を各大学の改善に結び付けるという観点からすると、個別大学評価報告書の「勧告」の部分が非常に重要になってくる。というのも、それが評価の全過程の成果として出されるものであり、CNEが評価を通して分析した結果、当該大学がさらに良くなるために改善すべき点を指摘したものだからである。CNEの大学評価は「点検であると同時に支援でもある」[144]のである。CNEによる勧告は各大学の文脈に即してなされており、全国的な傾向を要約することは困難であるので、ここでは本章の事例分析の対象であるヴェルサイユ大学の評価報告書における同大学に対するCNEの勧告を紹介しておく。その要点を示すと以下のようになる[145]。

　——他大学と同じような3評議会体制に移行し、方針評議会（conseil d'orientation）を廃止すること。
　——自己財源（ressources propres）、とりわけ継続教育から生じる自己財源を増やすこと。

---

144) Laurent Schwartz, *op.cit.*, 1994, p.100.
145) CNE, *L'Université de Versailles - Saint-Quentin-en-Yvelines: rapport d'évaluation*, Paris, 1996, pp.61-63.

第4章　個別大学の改善に対する大学評価の影響

　── 数学の研究グループを強化すること。
　── IUFM との関係を改善すること。
　── 人文科学、法学、経済学において学際性を維持・発展させること。
　── 大学附属図書館の建築を優先事項とすること。
　── とりわけ物理学と化学においてパリ第6大学と比べての独自性を発揮すること。

　評価の本来の目的に照らしてみると、これら勧告が実施されたのか、実施した結果として大学が改善したのかどうか、これらこそまさに評価の意義ないしは有効性を表すものと位置付けられる。以下、ヴェルサイユ大学およびCNEでの現地調査をもとに、この点をみていくことにする。
　なお、ヴェルサイユ大学は、1991年7月にパリ第6大学およびパリ第10大学それぞれの分校を母体として設立された新しい大学である。ヴェルサイユ（理工系）、サン・カンタン（法学および人文科学系）、ヴェリジ（IUT）の3つのキャンパスを有しており、学生数は約9,000人（1995年度）である。ヴェルサイユ大学の評価報告書は1996年4月に刊行された。全66頁で、構成（報告書の目次）は表5にある通りである。

表5．ヴェルサイユ大学評価報告書の内容構成

```
1．主要統計
2．評価報告
　　(1) 歴史　　(2) 設置　　(3) 大学の内部組織　　(4) 教育
　　(5) 研究　　(6) 学生　　(7) 人的・物的資源
全体の結論と勧告
あとがき
```

2．ヴェルサイユ大学におけるCNE勧告への対応
(1) したがわなかった勧告
　CNEの勧告にしたがわなかった事柄としては、「方針評議会を廃止する

こと」があげられる。これは評価報告書では必ずしも明確には表明されておらず、3評議会体制への移行を強調する形で勧告されていた。3評議会体制への移行自体は後に実行されているので、その意味では半分は勧告にしたがったことになる。しかし、評価の過程において当初CNEが合わせて勧めていた方針評議会の廃止に対しては、ヴェルサイユ大学はしたがわなかった。

　フランスの大学の管理運営機構は、全学レベルでは学長の他に管理評議会、学術評議会、教務・大学生活評議会の3つの評議会が置かれることになっている。しかし、新設大学についてはこの規定の適用が免除され、管理評議会と教育・研究に関する事柄を審議する方針評議会の2評議会体制がとられる。当時のヴェルサイユ大学は新設大学として2評議会体制で運営されていたが、この体制をもう少し存続させるか、方針評議会を廃止して一般の大学と同じ3評議会体制に移行するかの岐路に立っていた時期であった。

　3評議会体制への移行を支持する主な理由は研究上の要請である。すなわち、ヴェルサイユ大学には一般大学に存在する学術評議会がないため、学術研究に関する事項を専門的に議論する場を欠いており、十分な全学的研究政策が確立されていないという不満が主要な研究グループや研究室の関係者の間に存在していた。また、一般に学術評議会の学外構成員は他大学の研究者、学術団体関係者、専門職関係者の割合が高いが[146]、方針評議会は教育関係の事項も合わせて取り扱うため、学術研究に明るくない学外構成員も多く含まれている。そのため、研究関係の審議を行う際には、直接関係する研究者や専門家等の割合が著しく不足していることが特に学内の一部から問題視されていた[147]。

---

146) 学術評議会の学外構成員に占める研究機関や学術団体関係者等の割合は3分の1を越えているのに対して、他の2評議会についてはそれぞれ約12％（管理評議会）、約6％（教務・大学生活評議会）となっている。拙稿「フランスの大学における評議会の学外構成員に関する研究」『フランス教育学会紀要』第13号（2001年）、37頁。
147) CNE, *op.cit.*, 1996, p.33.

しかしながらその一方で、方針評議会の学外構成員については、それらが経済界や地方公共団体との繋がりを保証していたり、その存在が大学の対外的な信頼性に繋がっているという効能も認識されていた。そのため、ヴェルサイユ大学は、方針評議会が学外との関係において果たしてきた役割は維持する必要があると判断し、一般の大学と同じ3評議会体制に移行した際に方針評議会を廃止せず、管理評議会の下部組織としてこれを存続させる決定を下した。その後、方針評議会は「方針委員会(Comité d'orientation)」と名称を変更し、学外の意見を大学の政策全般に反映させるための機関として位置づけられ、その目的および期待される役割との関係で、構成員に学外者を多く登用している。面接調査においては、「工学系教育における産業界との連携や、歴史学において地域特性を活かしたヴェルサイユ宮殿との共同事業などにおいて有効に機能している」との説明がなされた。

(2) 同意したが、したがわなかった勧告

CNEの勧告に同意はするが、したがわなかった事柄としては、「自己財源、とりわけ継続教育から生じる自己財源を増やすこと」および「数学の研究グループを強化すること」が該当する。

継続教育についてフランスでは、バカロレアを取得せずに就職した者を大学で再教育してから受け入れる制度を設けている。バカロレア未取得者はDAEU（Diplôme d'accès aux études universitaires：大学教育アクセス免状）を取得すれば大学への社会人入学が認められ、その取得のための課程も大学内に置かれている。このような継続教育活動については大学が直接費用を徴収でき、重要な自己財源の1つとなっている。面接調査においては、「予算が削減されているので、CNEの勧告通り継続教育による自己収入を増やしたいという希望を持っている」こと、しかし「実際には継続教育の収入増は実現されていない」ことが大学側から示された。その理由については「法制度上の問題があるため」という回答であった。継続教育の費用は、学習者本人、公財政、民間団体、企業など、さまざまな資金源から支出されている。このうち学習者本人の負担は全体の約5％を占めるにすぎ

ず、大半は奨学制度的資金に依存する形になっている[148]。そのため、大学が受入増の方針を打ち出し、継続教育の潜在的な希望者が増加しても、各種の継続教育予算が増額されなければ受講者の増加には繋がらない仕組みになっている。このような予算の急増は現実には難しく、また、公費負担制度の充実しているフランスでは私費負担による受講者が急増する可能性は低いといえる。したがって、CNE が勧告し、大学もそれに合意しても、それ以外の要因に影響されるところが大きいため、容易には実行できなくなっている。

「数学の研究グループを強化すること」については、具体的には CNE の評価報告書において数学が唯一第3期課程（第5学年以降）のない学問分野であり、早急にそれを設置することが求められていた。しかしながら、数学部門においては母体となった大学（パリ第6大学）から移籍した教員と、ヴェルサイユ大学に新規に採用された教員との間で対立があり、この分野における一貫した教育・研究プロジェクトの策定が困難になっていた。そのため数学部門の第3期課程を設置するのに必要な資格認定を受けることも難しくなっていた[149]。このように、数学の研究グループの機能不全は「教員間の人間関係に起因するもの」である。そのためヴェルサイユ大学では、「数学の研究室を2つに分けたり、新しい教員を採用してまた研究室を1つにしたり」して対策に苦心したが、「十分な解決には至らなかった」。なお、その後、博士教育センターの1つに数学部門が設けられ、研究者養成に関しては少なくとも形式上は整備された。

(3) したがった勧告

ここまでの事例以外については CNE の勧告を実行した事柄と位置付けられる。まず、「IUFM との関係を改善すること」に関しては、評価報告

---

148) Ministère de la jeunesse, de l'éducation et de la recherche, *Repères et Références Statistiques 2002*, Paris, 2002, p.195, 上原秀一、前掲書、134 頁。
149) CNE, *op.cit.*, 1996, pp.37-38.

書において、教員志望学生への支援が不十分であること、IUFMと大学との連絡調整が不十分であること、そしてこれらを象徴するものとして、大学とIUFMとの間で結ばれることになっている協定[150]が存在しないことが指摘されていた[151]。一般に、大学とIUFMと間の協定は、IUFMの学生が大学での講義を受講できることや、大学附属図書館等の施設を共有できることなどを定めており[152]、両者の関係様式を規定するものとなっている。当時のヴェルサイユ大学にはそれが存在しなかったのである。しかし、その後、IUFMとの間に協定が結ばれており[153]、「IUFMを教員養成の責任機関として位置付け、それが大学に教育の一部を委託するという形で協力体制を作り上げ、関係は非常に上手くいっている」との回答であった。

「人文科学、法学、経済学において学際性を維持・発展させること」に関しては、CNEはこれら分野のとりわけ第1学年の教育における学際性を「真に大学的である」[154]と評価した上でこの勧告を行っている。つまり、これは長所をさらに活かすことを意図した勧告であり、ヴェルサイユ大学は「通常の大学であればこの方向（CNEの勧告）に向かうのは当然である」と考えている。欧州高等教育圏構想に対応した改組後のリサンス課程においても、たとえば「歴史学コース」においては地理学や経済学などの近接領域が、「社会学コース」においては経済学、政治学、歴史学、地理学などの近接領域が数多く必修科目となっており、これらの履修が第3学年にまで拡大されている。また、面接調査においては、「たとえば、ヴェルサイユ宮殿に関する研究においてこれら分野の学際性が発揮されている」との回答もあった。

---

150) 園山大祐「フランスにおける教師教育大学院（IUFM）の問題点と展望」『日本教師教育学会年報』第11号（2002年）、56頁。
151) CNE, *op.cit.*, 1996, pp.36-37.
152) 園山大祐「フランスにおける教師教育大学院（IUFM）の実態分析」『大分大学教育福祉科学部紀要』第24巻第2号（2002年）421頁。
153) IUFMヴェルサイユ校ホームページ（http://www.versailles.iufm.fr/pres/prescadre.htm：最終アクセス2007年1月24日）。
154) CNE, *op.cit.*, 1996, p.39.

次に、「大学附属図書館の建築を優先事項とすること」は、新設大学のインフラ整備の一環として勧告された。ヴェルサイユ大学においては、当時の仮設図書館は教育棟から離れていたり、構成部局ごとに分散していたりして、とりわけ学生の利用に不便があった[155]。このため大規模な附属図書館を地方公共団体の支援を受けて早急に建築することが求められていた。調査訪問時には、キャンパスの入口付近の教育棟近くに立派な建物の図書館が完成しており、多くの学生が利用していた。勧告にしたがっていること、学生の学習に有効利用されていることは一目瞭然であった。ヴェルサイユ大学附属図書館は、ヴェルサイユ南西のニュータウンであるサン・カンタン・アン・イヴリーヌ地区の7市町村で構成される広域行政組合であるSAN（Syndicat agglomération nouvelle）の支援を受けて建築された。SANを構成するサン・カンタン・アン・イヴリーヌ地区は、1970年代前半に開発が進んだニュータウンである。大学の有無が地域の経済的発展に大きな影響を与えるとの認識から、同地区に大学を設立したいという市長および都市計画担当者の意向が当初からあった。そのため、SANはヴェルサイユ大学の設立に大きくかかわるとともに、設立後は大学に対する支援を続ける一方で、大学における生涯教育の実施・充実を働きかけている[156]。

最後に、「とりわけ物理学と化学においてパリ第6大学と比べての独自性を発揮すること」であるが、この勧告はヴェルサイユ大学設立の経緯と関係している。本章冒頭で述べたように、ヴェルサイユ大学はパリ第6大学とパリ第10大学の分校をもとに設立されたが、理科系部門は前者を母体としている。そのため、これら学問領域の教員＝研究員の多くは設立時にパリ第6大学から採用された[157]。そして、独自性を発揮できていない象徴的な事柄として、ヴェルサイユ大学は博士号取得の基礎資格となるDEAを

---

155) *Ibid.*, pp.55-56.
156) 2001年11月19日にヴェルサイユ大学サン＝カンタン校にて実施したJean-Pascal Dumas氏に対する面接調査による。この点の詳細については、拙稿『フランスの大学における評議会の学外構成員に関する研究』（2003年）参照。
157) CNE, *op.cit.*, 1996, pp.41-42.

第4章　個別大学の改善に対する大学評価の影響

17コース（うち理科系は14コース）有しているものの、単独設置は2コース（情報科学と経済学）だけであることが評価報告書で指摘されている[158]。この点に関しては、「ヴェルサイユ大学は元々独自性を打ち出すことを望んでいた。そこへCNEがそのような内容の勧告をしたので、それを根拠に国民教育省に予算措置等の交渉を行った。その結果、研究活動は第6大学から独立して行われるようになり、DEAも独立したものとなった」との説明であった。現在フランスにおいては、欧州高等教育圏構想との関係で、大学附設の博士教育センター（écoles doctorales）を設置し、そこに複数の専攻の博士課程を置いて研究者養成を行うよう改革が進められている。ヴェルサイユ大学もこのシステムに移行しており、5つの博士教育センターを有している。そのうち2つは共同設置（有機体ゲノム、イル・ドゥ・フランス環境科学）で、残りの3つは単独設置（未来社会、物質・反応性媒質・モデル化法、文化・組織・法律）となっている。このうち物理学と化学は単独設置の「物質・反応性媒質・モデル化法」博士教育センター（2000年設置）に含まれている[159]。

3．大学評価におけるCNEと大学との「対話」

以上のように、ヴェルサイユ大学の評価報告書においてCNEが勧告した事柄の多くは実行に移されている。実行されなかった事柄については、諸般の事情により実現できていないものの、勧告自体には同意していた。唯一積極的に実行しなかったのは方針評議会の廃止であるが、これについても評価の過程において大学側は存続の意向を表明し、CNEもそれを尊重した形となっている。ここから、大学は基本的にはCNEの評価および勧告を尊重しつつも、自律性は維持しようとしていることが看取される。

この背景には、大学評価に対するCNEの基本方針の1つである「対話

---

158) *Ibid.*, p.37.
159) ヴェルサイユ大学ホームページ（http://www.uvsq.fr/ed/index.html：最終アクセス2007年1月24日）。

の精神」[160] が深く関係している。大学評価の過程において、CNE は対象大学を複数回訪問し、大学関係者と議論（対話）を重ねながら報告書を作成している。かくして、CNE の大学評価およびそれに基づく勧告は一方的になされるのではなく、「協力して大学を良くするため」[161] に、評価を行う CNE と評価を受ける大学側との「継続的な対話」を基礎として行われる。そのため大学側からすれば、その意向を報告書に反映することもできる。そして報告書を道具として活用すること、すなわち、そこでの勧告を根拠に、たとえば行政当局に対して大学改革の一環として必要な対応を要求するという活用法も考えられる。これはまさに物理学・化学の独自性に関してヴェルサイユ大学が実行した戦術である。

報告書に書かれている勧告を理由にして大学改革を進めるという意味では、学内もその対象となりうる。インタビューの中で「大学の執行部が考えているのと同じ事が評価報告書に書かれると、大学としては学内改革を行い易い」との発言があったことから、CNE の勧告が、学内で改革を実行する際の理由付けにもなっていることが分かる。もっとも、この点に関しては、執行部による上からの改革となって教職員の反発も予想される。このことを質問してみたところ、「個々の教員が改革に反対意見を述べることは自由であるが、本学は新設大学であり、大学を良くしようという点で一致団結できている」との回答であった。

ただし、この点に関して CNE の見方は必ずしも大学側のこのような主張とは一致していない。CNE に対してヴェルサイユ大学の評価全般について尋ねたところ、同大学は第 1 回評価当時には新設大学であったので、その意味で特殊な評価であったと認識していた。その上で同大学の全体的特徴としては、明言は避けていたが、2 つの母体（パリ第 6 大学とパリ第 10 大学）の文化が融合していない印象をうけること、キャンパスごとにさまざ

---

160) Alain Abécassis, *op.cit.*, pp.27-30, André Staropoli, *op.cit.*, 1994（Evaluating a French University）, p.59, CNE, *op.cit.*, 1995, pp.15-16.
161) CNE 面接調査における Bruno Curvale 氏の発言。

まな面でやり方が違うこと、1つの大学としてまとまりにくい傾向にあるのではないかという趣旨のことが指摘された。この見解の相違については、いずれかの認識に問題がある可能性とともに、CNEによる評価の後にヴェルサイユ大学の統一性が高まったことも考えられる。この点については調査の範囲で明らかにできなかった。

最後に、ヴェルサイユ大学では、調査時点において、第2回目の評価が進行中であり、内部評価を実施している段階であった。最終報告書においては「長所だけでなく短所も記述する」方針であること、および、「欧州高等教育圏構想を視野に入れた教育（LMD制）の実施を強調する」予定であることを、見通しとして語っていた[162]。

第2節　全学契約における CNE の個別大学評価の活用

1. 契約政策

CNE の個別大学に対する影響力として、フランスにおける主要な高等教育政策の1つである契約政策における評価報告書の役割について考察することにする。契約政策はジョスパン国民教育大臣（当時）によって導入された制度であり、国と大学とが契約を結ぶことによって、通常の国の補助金以外に、大学が独自の計画に基づいて使用することができる追加的な補助金が、国から大学に提供されるという仕組みである。契約の期間は4年間であり、全学契約（contrat d'établissement）が1989年から実施されている[163]。

締結された全学契約にしたがって、大学は管理運営を行い、国は国家予算の許す範囲で予算と教職員定数の配分を行うことになる。大学は契約の実施状況について高等教育担当省に定期的に報告し、高等教育担当省はそ

---

[162] 実際にこれらの点は、ヴェルサイユ大学第2回評価報告書において言及されている。CNE, *L'Université de Versailles - Saint-Quentin-en-Yvelines: rapport d'évaluation (évaluation seconde)*, Paris, 2006.

[163] 研究契約（contrat de recherche）は1983年から実施されている。

の報告に基づいて実施状況を評価する。その評価結果によっては予算配分が見直される場合もある。この報告書は CNE にも送付されることになっている[164]。契約による補助金は、たとえばブルゴーニュ大学の場合、1992年には契約外の補助金の5.2%、1993年には6.5%であったが[165]、この割合は徐々に上昇して2000年には10%を超えている[166]。

　契約を行うに当たって、大学は自らの現状分析を行って、全学計画を作成し、それに基づいて学長と高等教育担当省との間で契約交渉が行われる。交渉を円滑に実施するために、大学参与（conseillers d'établissement）が設けられており、大学の現状分析や全学計画の作成に加わって、全学計画の中に全国的な政策の主眼が組み込まれるよう大学を手助けするとともに、大学側の視点を中央行政に伝達する役割を果たしている。また省側も全学契約・全学計画に対応して、大学に対して部局ごとではなく総合的に取組を行うために、各部局の調整を行う調整役（coordonnateur）を設けている[167]。

　契約政策は、大学が現状報告、自己評価、計画化を行うことで、国と大学との契約を仲立ちとして、活動のための資金と一定程度の自治の獲得を可能にするものである。しかしながら、契約の対象領域、大学における各種の試行的実践に対する柔軟な対応、計画化の浸透、中央行政の組織・行動原理の再考などの課題も指摘されている。

2．全学契約文書における CNE への言及

　国と大学との契約交渉においては、そのいずれに対しても CNE の個別

---

164) 上原秀一、前掲書、122頁。
165) Gilles Bertrand, "Le expérience de l'Université de Bourgogne", OCDE ed., *Evaluation et processus de décision dans l'enseignement supérieur: expériences en Allemagne, Espagne et France*, Paris, 1994, p.57.
166) Groupe de travail présidé par Armand Frémont, *Les Universités françaises en mutation: la politique publique de contractualisation (1984-2002)*, La Documentation française, Paris, p28.
167) Alain Abécassis, *op.cit.*, p.26.

大学評価報告書を参照する義務は課されていない。元々CNEの評価報告書は、全学契約の交渉において利用されることを予定していなかった。それは、CNEの創設・評価活動の開始の方が全学契約の実施よりも古いことを考えれば分かる。確かに高等教育法第65条は、CNEが「(大学の)結んだ契約の成果を評価する」ことを規定しており、法律制定時に契約への関与が想定されてはいたが、評価報告書の参照を義務付けるものではない。しかしながら、個別大学評価報告書が契約交渉において何らかの形で利用されることが期待されており、近年ではそのために配慮がなされるようになっている。すなわち、契約交渉の進行に合わせてCNEが評価を実施すること、可能な限り契約が締結される前にCNEが評価報告書を刊行できるような日程で、評価作業を進めることが目指されている[168]。

表6. 契約調印および評価報告書の時期

契約調印時期	大学・機関数	契約グループ	評価報告書刊行時期
2002年9月	2	D	2002年4月・5月
2003年7月	4	D	2002年2月・4月
2003年9月	2	A	2003年4月
2004年3月	11	A	2002年1月〜10月
2004年5月	2	A	2003年6月・7月
2004年6月	1	A	2002年10月

4年制契約のAグループ(契約期間が2003〜2006年)およびDグループ(契約期間が2002年〜2005年)に属する大学(大学以外の高等教育機関も含む)についてCNEが示したところによれば、表6に示されるように、概ね契約調印前の2年以内に個別評価報告書が出されている[169]。このような時期に評価を行うということは、まさに前回の契約期間の大学の活動を評価対

---

168) CNE, *op.cit.*, 2005, p.8.
169) *Ibid.*, p.91.

象とすることになる。したがって、CNE の個別機関の評価報告書に記載されている内容は当該大学の実状をほぼリアルタイムで示すものであり、契約交渉における重要な資料となり得るのである。

　実際に、契約交渉の文書において CNE およびその評価報告書について直接的に言及しているのは、上記の大学等の3分の2となっている[170]。言及を行っている大学および行っていない大学の詳細は以下の通りである。

CNE に関して何らかの言及を行っている大学等
（14 大学等）
　　○モンペリエ第1大学
　　○モンペリエ第2大学
　　○モンペリエ第3大学
　　○国立モンペリエ高等化学学校
　　○モンペリエ欧州大学拠点
　　○グルノーブル第1大学
　　○グルノーブル第2大学
　　○グルノーブル第3大学
　　○ INP（Institut national polytechnique：国立ポリテク研究学院）グルノーブル校
　　○サヴォワ大学
　　○ドローム＝アルデシュ大学開発機構
　　○グルノーブル大学国際研究拠点
　　○ IUFM ギアナ校
　　○国立サン＝テチエンヌ技師学校
CNE に関してまったく言及していない大学等
（7 大学等）
　　○ペルピニャン大学

170）*Ibid.*, pp.92-94.

第4章　個別大学の改善に対する大学評価の影響

　　○レユニオン大学
　　○サン＝テチエンヌ大学
　　○ IUFM グアドループ校
　　○ IUFM マルチニック校
　　○ IUFM レユニオン校
　　○ IEP（Institut d'études politiques：政治研究学院）グルノーブル校

(1) 前文において CNE に言及している大学

　CNE に言及している大学等が多いといっても、その引用の仕方・程度は異なっている。まず第1に、契約文書の前文において CNE に言及している大学等がある。その多くは当該契約の内容全般について「CNE の勧告を考慮している」（モンペリエ欧州大学拠点、モンペリエ第3大学）、「CNE の勧告を根拠としている」（モンペリエ第1大学）といったことを契約文書の冒頭において明記するもので[171]、契約全般について CNE の評価および勧告を参照したことが明言されている。たとえばモンペリエ第1大学では、「本学は、前回の契約中に実施された制度構築を強化するために、CNE の勧告を根拠として、共通の連合計画を軸に構成部局の動員を可能にできるようにする」（傍点引用者）として、契約の全体方針において CNE の勧告を参照したとしている。

　また、前文において、契約全体ではないが、その一部において CNE の評価を参照したとする大学もある。グルノーブル第2大学は、地区高等教育政策への参加を契約内容の一部としている。具体的にはグルノーブル地区の他大学との共同による学生の受入政策、教育提供、TICE（technologie de l'information et de la communication pour l'enseignement：教育用情報コミュニケーション技術）の活用等の推進を契約に含んでおり、これらが「CNE が

---

[171] この他にも同様なものとして、「CNE の勧告に通じている」、「CNE の勧告に応えている」（INP グルノーブル校）、「CNE 報告書の結論における深い考察に基づいている」（国立サン＝テチエンヌ技師学校）、「CNE が報告書の最後で強く勧告しているものである」（ドローム＝アルデシュ大学開発機構）等の記述がなされている。

強く推奨した」事柄であることを明記している。また、サヴォワ大学は、教育提供に関する部分の契約内容が、「高等教育の地域需要に応えるための多様な幅広い教育を、近隣大学と協調して提供する」という CNE の勧告に基づいていることを示している。

さらに、前文において当該大学の特性を説明するために、CNE の評価を引用している大学もある。グルノーブル第 2 大学は、「フランスでは珍しい大学の 1 つで、法学・政治学、社会科学、人文科学の主要部分を一体化し、これら学問分野全体について高水準の教育・研究領域を提供している」という同大学に対する CNE の高い評価を冒頭で提示している。グルノーブル大学研究国際拠点については、この拠点の性格の説明として、「活動の相互扶助化の道具であり、理念上の研究室であり、権限分担の原則に従って機能している」という CNE の評価をその評価報告書から引用している。

(2) 全学政策の基軸部分に関して CNE に言及している大学

第 2 に、全学政策の基軸部分に関して、CNE に言及している大学等がある。これには、CNE が評価報告書において指摘した事柄を用いて当該大学等が実施する政策の正当性を補強しようとするものと、CNE の勧告を政策の根拠として示すものとがある。

学内政策の正当性を強化しようとするものとして、モンペリエ第 2 大学は「(同大学の) 学術政策は……(中略)……10 の学科の構造化による拠点の発展によって特徴付けられる。この選択の妥当性は CNE によって指摘された」と記述しており、その学術政策の方向性が正しいとする理由として CNE の評価を用いている。国立モンペリエ高等化学学校は、「CNE は、2003 年の評価報告書において、本校の卓越性を強調している」ことを述べた上で、「強力な発展基軸としての国際政策」が「CNE によって質の高い要素として評価された」として、同校およびその主要政策の質の高さを示すために引用している。

CNE の勧告を政策の根拠として示すものとして、グルノーブル第 2 大学は、国民教育省が推進している地区高等教育政策の一環として行われる機

構再編政策が「CNE がその評価報告書で表明した勧告に従って」いること、採用された組織は「CNE の勧告に一致している」ことを記している。ここでは改組計画が CNE の勧告に基づくものだとされている。また、ドローム＝アルデシュ大学開発機構は、その独自の活動展開に「大学開発を軸としたグルノーブルの大学や地域関係者との連合という措置の永続化」が必要であるとし、それが CNE の評価報告書で強調されていることを示している。

(3) 特定の活動について CNE に言及している大学

各大学等の特定の活動に関して CNE に言及しているものがある。これについては、いずれも諸活動が CNE の勧告に基づいて実施されたり、強化されたりしていることが示されている。最も多かったのが継続教育で、国立モンペリエ高等化学学校、グルノーブル第2大学、グルノーブル第3大学で言及されている。

この他は大学ごとに多様である。いくつか例を挙げると、グルノーブル第1大学では「CNE の勧告に従って」学内機構間および大学間のネットワークを強化するように組織が再考されたことが、グルノーブル第2大学では「CNE の勧告の1つに対応して、学部文化から全学文化への移行を可能にするのに必要な手段を契約の中で講じた」こと、および、CNE が評価報告書において行った考察をもとに各種契約の統廃合を優先事項としていることが、グルノーブル第3大学では「教員人事政策」および「予算立て直し政策」を CNE の勧告にしたがって実施・継続することが記載されている。大学以外では、IUFM ギアナ校は「CNE がその報告書において勧告したように……（中略）……より多くの初等教育教員志望学生の受入に着手する」として契約期間での受入数倍増を目標とすることを、国立サン＝テチエンヌ技師学校は「CNE の勧告に従って」付加時間に関する政策を策定することを、それぞれ掲げている[172]。

---

172) CNE, *op.cit.*, 2005, pp.92-94.

3. CNE の勧告と全学契約の内容

　以上に示したように、国と大学との契約交渉において、多くの大学でCNE の評価に対する言及がなされている。それは契約の基礎となる学内政策の策定における参照であったり、その根拠となるものであったり、正当性を補強するものであったりしている。このことは、一方では契約交渉において大学がCNE の評価を有効に活用しようとしていること、他方ではCNE の評価が高等教育担当省に対する一定の説得力を持っていることを示しているといえよう。すなわち、大学も高等教育担当省も、契約交渉の過程でCNE の評価報告書およびその記載内容に触れることになるのである。

　その一方で、契約文書においてCNE の評価にまったく言及していない大学もある。しかしながら、そのような大学においても、CNE の勧告が全学政策に反映され、契約の対象となっている場合も多い。つまり、契約文書における直接的な引用の有無だけではCNE の影響力を十分に計れないのである。したがって、直接的言及だけでなく、CNE の勧告と契約内容との比較検討が必要になる。この点に関してCNE は、ペルピニャン大学、モンペリエの諸大学および欧州大学拠点、グルノーブルの諸大学等について、その対照表を作成・公表している[173]。

　ペルピニャン大学は、先に示した通り、契約文書においてCNE の評価への言及を行っていない大学である。しかしながら、評価報告書におけるCNE の勧告と契約内容との間に一定の連関が見られる。それらは大学の活動全般にわたっている。たとえば、職業教育化・学際的アプローチといった非伝統的な教育領域の発展や学生の生活条件の改善、研究活動の再編・学際化・リソースの共有化や地域性を活かした研究（カタロニア研究）の推進、全学共通業務の再編・スリム化や国外での教育の管理および国際協調などが、勧告に対応する形で契約に盛り込まれている[174]。

---

173) *Ibid.*, pp.95-101.
174) ペルピニャン大学について、すべての勧告が契約に反映されているのではない。たとえば、キャンパスの地方分散については、CNE は存続の可否を含む検討を求めたが、大学側は2つの地方分散キャンパスを発展させることを選択した。CNE、

第4章　個別大学の改善に対する大学評価の影響

　モンペリエ地区に関する比較対照表は、CNEによる同地区の評価報告書（CNE, *Le Site universitaire de Montpellier en Languedoc-Roussilon*）における勧告とモンペリエ第1・第2・第3大学およびモンペリエ欧州大学拠点の契約内容とに基づいて作成されている。ここでもCNE勧告と契約文書の関連は多岐にわたっている。いくつか例を挙げると、モンペリエ・ラングドック＝ルシヨン開放大学（UO-MLR）の実現推進、資料収集および予防医療の大学間協力、経営学および継続教育における協力強化、研究テーマの再編・協力や博士教育センターにおける共同の拡充などがCNE勧告に対応して契約に盛り込まれている。

　グルノーブルの諸大学等に関する比較対照表も、CNEによる同地区の評価報告書（CNE, *Le Site universitaire de Grenoble*）における勧告とグルノーブル第1・第2・第3大学およびINPグルノーブル校の契約内容とに基づいて作成されている。ここでも同様にCNE勧告と契約文書の間に関連性が見出されている。地区政策としての高等教育機関間の役割分担・協力体制の構築、教育政策としての継続教育および語学教育における大学間協力、GRECO（Grenoble campus ouver：グルノーブル・オープンキャンパス）プロジェクト[175]における協力体制の整備と学生に提供するサービスの質の改善、各種学生支援のための大学間学生生活局の設置と発展などが、その例として挙げられる[176]。

4．契約政策下におけるCNEの大学評価の影響

　以上に見てきたように、国と大学との契約交渉において、多くの事例に

L'Université de Perpignan (évaluation seconde), Paris, 2003.
175) GRECOプロジェクトは、TICEの活用を中心に、その知識やノウ・ハウの交流・蓄積、共通の方法論の構築を目指して、グルノーブル地区において1998年に開始された大学間共同プロジェクトである。学生の学習支援や教員の授業実践の支援などが行われている。
176) CNEの勧告と契約文書との関係に関する詳細については、拙稿「フランスの大学と国との契約における全国大学評価委員会（CNE）の個別大学評価の活用」『大阪教育大学紀要（第Ⅳ部門）』第56巻第1号（2007年）参照。

第2節　全学契約におけるCNEの個別大学評価の活用

ついてCNEによる評価が考慮されている[177]。それは、契約文書において、一方ではCNEの勧告や評価を直接的に引用する形で参照されており、他方では内容面でCNEの勧告を反映させており、CNEが契約政策下で一定の役割を果たしていることがわかる。この点に関して、CNE自身も「CNEの勧告の非常に大きな論理的継承が見られることは……（中略）……全学契約で示されるような発展の戦略・基軸において明白である」[178]と述べている。

　もっとも、CNEの大学評価に関しては、その影響力を疑問視する声もある。たとえば、C.ミュスランは、フランスの高等教育改革に対するCNEのインパクトは弱いものでしかないと述べるとともに、影響力が強かったのは契約政策であるとしている[179]。また、日本においても、これを引用して大学改善に対するCNEの影響力が低かったとする説もある[180]。しかしながら、上に示してきたように、地味で目立たない形ではあるが、契約交渉時において、CNEの大学評価が考慮されることも多い。CNEの大学評価は、ミュスランがその比較対象としている契約政策の中に入り込む形で、個別大学の大学改善に影響を与えているのである。このことを考えると、影響力を持つ次元の違いであるともいえようが、CNEの活動は大学改善に対して影響力が無いと一概には言えないのではないだろうか。少なくともCNEの大学評価が個別大学の改善に対して「何らインパクトを持たなかった」と捉えるべきではなかろう。

　もっとも、確かに競争原理という点では契約政策の方が影響力ははるかに大きいことは間違いない。CNEはむしろランキングを否定し、同一学問分野に関するものを除いて比較対照にも消極的である。多かれ少なかれ予

---

177) ここでの分析はCNEが示したデータに基づくものではあるが、少なくともここで取り上げた事例校に対しては、CNEによる大学評価が大学改善に一定の影響力があったことの証左となると考える。
178) CNE, *op.cit.*, 2005, p.12.
179) Christine Musselin, *op.cit.*, pp.107-108.
180) 岡山茂、前掲書（2005年）、103頁。

算獲得競争的な要素がある契約政策においては、CNE は直接的に競争を煽るのではなく、むしろ競争原理に晒されている大学を支援する機能を果たしている。競争原理に関しては、それを大学に注入するのではなく、予算獲得が大学の向上に繋がるから、それに苦心する大学を応援するという姿勢を取っているのである。

第5章
CNEによるフランスの大学評価の成果と課題

　ここまでに示したきたように、CNEは1984年に創設されて以来、個別大学の評価、それをもとにしたフランスの高等教育全体の分析、これらに基づく政策提言を中心にその活動を展開してきた。その過程でCNEの活動に対してさまざまな評価がなされている。そこには一定の成果と、当然ながら多くの課題が存在している。これらを分析することは、CNEおよびその活動の特性を明らかにする上できわめて重要である。そこで本章では、CNEに対してなされたさまざまな批評を整理するとともに、CNE自身が自らの活動についてどのような自己評価をしているのかを、2005年3月に実施したCNEに対する面接調査をもとに明らかにする。そして、それらをふまえて、CNEがその活動において、いかなる点を重視しているのか、また問題点をいかに解決しようとしているのかについての考察を行う。

第1節　CNEの活動に対する評価

　まずは、CNEの活動に対する評価や問題点の指摘を整理しておく。CNEの活動に対しては、会計検査院が独自に行っている教育制度の評価の中で、相当のスペースを割いて言及がなされている。すでに序章において示しているが、本章での議論のためにここで改めて紹介しておく。そこでは、CNE

第5章　CNE によるフランスの大学評価の成果と課題

の活動の成果について以下のように述べられている。

> 「1984年以降、CNE の創設により、高等教育の評価の道が開かれた。CNE は管轄下の全公施設法人を4年ごとに評価することを求められていたので、その使命および調査範囲は非常に広くなっている。CNE は、この枠組の下で、機関の統制、組織・管理運営を広く調査し、かくして構成部局の独立志向に直面する全学決定機関の確認に有効に寄与した。CNE は、学生生活あるいは国際活動のような、これまでほとんど調査されていなかった領域にも大きな力を割いた。最後に、数年来 CNE は、批判的ではあるが建設的な比較を可能にする、コース間の横断的評価を行っている。」[181]

> 「評価文化を発展させるための CNE の尽力は、この観点で全精力を注ぐフランスで唯一の機構であるだけに、いっそう評価に値する。」[182]

ここでは、CNE の活動は概ね好意的に評価されているといえよう。CNE が、とりわけフランスの高等教育の実態を明らかにするのに大きく貢献したこと、構成部局単位ではなく全学的レベルでの意思決定という視点を大学に対して意識させるようにしたこと、そして大学評価という文化を定着させようとしていることに対して、高い評価が与えられている。

もちろん、このように成果が評価される一方で、その課題も指摘されている。以下にその4つの問題点を示す。

第1の問題点は評価の寛大さである。初代 CNE 委員長のシュヴァルツが後にその著書で指摘しているように、「CNE は、その評価があまりに寛大すぎるということで、しばしば非難されている」。この点について同氏は、やむを得ない側面があり、時として厳しい評価も行ってはいると述べ

---

181) Cour des comptes, *op.cit.*, p.334.
182) *Ibid.*, p.335.

第1節　CNEの活動に対する評価

るとともに、「あまりに極端な寛容がしばしば有ったことには間違いない」と認めている。そして、「CNEが広く受け入れられることを維持しながら、おそらくこれを変えていかなければならないし、もっと踏み込んで批判しなければならない」として、過度の寛大さを改めることを求めている[183]。

　第2の問題点はCNEの評価報告書に対する関心である。これには2つの次元があり、1つは行政関係者の評価報告書に対する関心の不十分さであり、いま1つは大学関係者の他大学の評価報告書に対する関心の不十分さである。シュヴァルツは、これらを大学評価における「2つの欠陥」と評している。ただし、行政関係者の関心の不十分さは、フランスでは大学評価に限ったことではないし、大学やそのUFR（Unités de formation et de recherche：教育研究単位）がCNEの評価に基づいて学内政策を修正しており、一定の成果があったとも述べている[184]。

　第3の問題点はCNEの決定権の無さである。CNEは自らが行った評価に基づいて、被評価機関に対して勧告を行うことになっている。しかしながら、その勧告は強制力を伴うものではない。日本語で「勧告」といった場合には、実質的に強制力を伴っている場合もあるが、対応するフランス語の"recommandation"はそれよりも強制力の観点では緩やかなものである。したがって、勧告を受けた被評価機関が動かなければ、何も変わらないことになり、この点に対しては特に行政関係者の不満が強いとされる。ただし、CNEが決定権限を持たないことが、その評価が受け入れられた一因でもあるとされており、その辺りのバランスの取り方も問題になるところである[185]。

　第4の問題点は手段の欠如であり、「CNEは、その仕事を実行するための手段を欠いているので、その目的を部分的にしか達成していない」[186]ことが指摘されている。同様に、先にCNEの活動の成果を評価するものと

---

183) Laurent Schwartz, *op.cit.*, 1994, pp.100-101.
184) Laurent Schwartz, *op.cit.*, 1999, p.81.
185) Laurent Schwartz, *op.cit.*, 1994, p.102.
186) Françoise Dupont-Marillia, *op.cit.*, p.208.

して引用した会計検査院の報告においても「CNEは、その重要な仕事に取り組むのに、ほとんど人的資源を有していない。……（中略）……4年ごとに全大学を評価するという状態にないことは明らかである」[187]と述べられている。人員不足はCNEに限った問題ではなく、またCNE自身に責任があるものでもないが、人的・物的手段に不足があれば、その分制約を受けることは明らかであり、活動の根幹にかかわる重大な問題である。

第2節　CNEによる評価の大学改革に対する役割と成果

ここまでに示したような大学評価の問題点が指摘される中で、CNE自身は自らの成果と課題をどのように捉え、どのように改善策を講じていこうとしているのであろうか。この点に関して、フランスの高等教育改革に対してCNEが果たしてきた貢献と、今後の活動において解決していくべき課題について、CNE自身がどのように捉えているのかを明らかにするために、面接調査を実施した。いわばCNEに自己評価をしてもらったことになる。

第4章でも示したが、CNEに対する面接調査は2005年3月8日にCNE本部にて実施した。出席者は、Bruno Curvale氏（特命官）、Jeanne-Aimée Taupignon氏（特命官）、Annick Rey氏（調査官補佐）の3名であった。この面接調査においては、ヴェルサイユ大学の評価について評価者側からみた特徴や問題点などについて質問するとともに、大学評価全般についてCNEによる評価の大学改善に対する役割、大学評価の貢献と限界・課題などについて尋ねた。本章では後者を中心に分析を行う。

1.「対話の精神」と支援的評価

面接調査においては、まず、フランスの大学改革に対するCNEの役割について尋ねた。この点について、要約すると以下のような回答であった。

---

187) Cour des comptes, *op.cit.*, p.334.

第2節　CNEによる評価の大学改革に対する役割と成果

○第1回評価は当該大学のイメージをはっきりさせることを主眼としており、したがって大学のさまざまな側面を分析・評価することになる。第1回評価により各大学が優先的に取り組むべき事項が明確になるので、それを踏まえて第2回評価はテーマを絞って行われる。いずれについても評価後の改革について直接の支援はしていない。
○CNEの勧告はそれほど強いものではなく、それらをもとに学内で議論がなされることが重要である。CNEの仕事はあくまでも評価であり、コンサルタントではない。

　ここでは、最終的に大学改革を行うのはやはり各大学であって、CNEはあくまでその契機を作り出すのだという基本姿勢が表れている。各大学が勧告にどう対応するかについては、CNEは関知しないことを原則としている。それは、CNEの仕事はあくまでも評価を行うことであり、それを改善に結び付けるか否かは各大学次第であることを意味している。職務の範囲に関するフランス的な考え方が表れていると同時に、大学の自治を尊重していると見ることができる。

　その一方で、評価が大学の利益となるように配慮もなされている。たとえば、前章でも触れたが、大学が国や地方公共団体との契約締結を容易にできるように、できるだけ契約交渉の前に勧告を出すようにしている。すなわち、CNEによる個別大学の評価報告書（とりわけその勧告部分）を利用して、3者（国・地方公共団体・大学）が有効な契約を行うことができるように配慮をしている。

　より全般的なこととしては、評価の過程では大学側と「対話」を重ねることを重視し、勧告に際しては「大学の意向を尊重する」（Curvale氏）ことを基本としている。CNEの評価およびその一環としての勧告の方針は、「大学を支援することであって、それを否定したり解体したりすることではない」（Curvale氏）。これはヴェルサイユ大学での面接調査における同大学の回答と一致しており、この点については「対話」を介して評価者側と被評価者側の意思疎通が図られているように思われる。ただし、CNEの勧告

を根拠とする個別大学の改善については、対外的関係（大学―国民教育省、大学―地方公共団体など）と対内的関係（執行部――一般教職員など）がある。このことを考慮に入れると、この「大学を支援する」ということは、場合によっては「執行部を支援する」という意味にもなる。この点に関しては、本書では十分に踏み込んでおらず、今後さらに詳細な検討が必要であろう。

　以上の他に、面接調査においては、評価・勧告の別の方針として「評価するのはシステムのみであり、そこにいるスタッフの人間性は一切評価しない」（Curvale氏）ことも強調されていた。これは、CNEの「評価報告書はチームを、すなわち大学全体を検討するものであって、決して個人を引き合いに出すものではない」という初代委員長の主張と一致するもので、設立以来の基本方針の1つとなっている[188]。

2．CNEの目標とその達成度

　次に、CNEによる大学評価の貢献度について尋ねてみた。この点に関してCNEは、もともと大学評価の活動を開始するに当たって2つの事柄を達成目標としてきた。1つは「評価の一般化」、すなわち「評価文化を浸透させること」（Curvale氏）であり、もう1つは、CNEが間に立って「大学と国との関係を良くすること」（Curvale氏）である。

　評価文化の定着については、CNEが設立された当初から、大学が良くなるためには、まず自らを知らなければならないことが指摘されていた[189]。CNEの専門委員による外部評価、およびその前段階で実施される内部評価の過程を通して、各大学が自らの状況を客観的に知ることができており、この目標は達成されていると考えられている。このような捉え方は、上に示したCNEに対する会計検査院の評価と相違はないといえよう。

　大学と国との関係改善については、評価を受けることが、外部に対する大学の認知度が高まることにつながっているとCNEは考えている。国や

---

188) Laurent Schwartz, *op.cit.*, 1994, p.100.
189) Alain Abécassis, *op.cit.*, pp.15-17.

地方公共団体との契約締結において、また国際レベルの調整が必要な場合に、評価報告書が有効に機能しており、記載されている内容から当該大学が必要な条件を満たしていることを判断できる。国際競争における大学のイメージの向上や、国との契約交渉の円滑化に結び付いているという点で、こちらの目標も一定程度達成されたと CNE は自己評価している。

ただし、国民教育省からは、CNE の個別大学評価、およびそこでなされる勧告に強制力がないという批判、それが何かを決めるようなものではないという批判がなされている。しかし、この点に関して CNE は、「客観的状況を明らかにすることが任務であり、CNE は決定機関ではないので、何かを決めるわけではない」(Curvale 氏)と考えている。上にも示したこの姿勢は、中央教育行政当局に対しても崩しておらず、大学や行政当局からの CNE の独立性を維持しようとしている。

第3節　CNE による大学評価の限界と課題

一方、CNE 評価の限界・課題としては、1. 評価の範囲、2. インターネット上での公開、3. 評価が困難な大学、4. 評価の周期の4点が指摘された。

1. 評価の範囲──教育・研究プログラムの評価──

1つめの課題は、CNE の個別大学評価は機関評価であり、大学のシステムが上手くいっているかどうかのみを評価の範囲としていることである。他国のように、教育・研究等のプログラムは評価の対象としておらず[190]、この点にいかに対応するかが検討事項の1つである。これは、とりわけ欧州高等教育圏の構築に向けて、各国が高等教育の質保証に取り組んでいることを背景としている。フランスでは、教育プログラムの事前評価にあたる学位授与権の資格認定を国民教育省が行うことになっている。CNE の評

---

190) A.I. フローインスティン、前掲書、128頁。

価についても「規準書」の中の評価基準に「教育プログラムの実践」等も含まれているが、基本的には全学計画における位置づけや全体的一貫性を、事後的に評価するものである[191]。面接調査時にはCNE側は触れなかったが、教育・研究プログラムへの評価範囲の拡大の問題は、高等教育の国際化を背景に、フランス独特のいわば2元的質保証システムにおいて、国民教育省との権限配分が絡む問題であるといえる。

2．インターネット上での公開

2つめの課題は、評価報告書がインターネット上で公開されるようになったことにより、評価の本来の目的と大学の望むこととの間にズレが生じてきたことである。大学は「良い大学」というラベル付けをもらうことをCNEの評価に期待している。すなわち大学側は、評価が改善に資すること云々よりも、良い評価がもらえるかどうかに関心を持つようになってきている。このような変化は、インターネット上で評価報告書が公開されるようになったことによるものである。

個別大学の評価報告書は、当初よりすべて公開されていたが、冊子体しか存在しなかった時代には、部数に限りがあるなど入手には一定の限界があった。しかし、インターネットの普及により、CNEのホームページ上で公開され、古いものを除き、ほとんどの個別大学評価報告書がダウンロード可能になっており、実質的にも誰でも見られるようになった。2003年にはCNEのホームページに1日平均で約630件のアクセスがあり、年間の刊行物のダウンロード数は約10万件となっている[192]。

このことは、個別大学の評価報告書を誰でも気軽に容易に参照できることを意味している。すなわち、他大学の課題や特徴的な取組を、その気になれば自由に知ることができる体制が整ったことになる。これは、先に示した関心の不十分さの課題の解消に繋がるものである。電子媒体によって

191）大場淳、前掲書（2007年）、49～60頁。
192）CNE, *op.cit.*, 2005, pp.13-14.

公開されるようになってから、以前よりもはるかに各大学がCNEによる評価を気にかけるようになってきており、この点でも評価報告書の重要性がいっそう高まっているといえよう。しかしながら、まさに一般公開の実質化が達成されたために、大学が本来の趣旨とは異なる形で評価を気にするようになってきている。このような状況に対しては、「評価を本来の目的に戻す必要がある」（Curvale氏）とする見解が示された。

3. 評価が困難な大学

3つめの課題は、評価の実施が困難な大学が存在していることである。もちろん、多くの大学では評価の作業は——実務作業のたいへんさはあるが——重大な対立なく滞りなく進められている。しかしながら、その一方で大学とCNEが対立して評価作業が難しくなる場合も若干存在する。CNEによれば、評価が上手くいかない大学の特徴は、①自信を持っている、②学内の問題により評価に時間をかけられる状況ではない、③評価に対する理解が欠ける、である。評価の際に、方法論を巡って大学と対立することがあったり、大学が内部評価をCNEに見せようとしないことがあったりする。このような場合には、当然評価は困難なものとなる。このような対立は、大学が上手く機能していない時、とりわけ執行部が上手く大学を運営できていない場合に起こりやすく、評価が制裁（sanction）だと受け止められることも少なくない。逆に、管理機構がしっかりしていて、学内体制が上手くいっている大学や高等教育機関[193]では、評価活動は順調に進みやすい傾向がある。また、中には評価をまじめに受け取らない大学や、政治的な理由からこのシステムを嫌悪する大学もあるとのことであった。

評価が上手くいかない場合、解決には時間が必要である。しかし、担当者が変わると上手くいくことが多いという。やはりここでも粘り強く「対話」を継続することが基本になるのである。

---

193) 面接調査時には、学内体制が上手くいっている大学・高等教育機関として、パリ第1大学、パリ第5大学、パリ政治学院、高等師範学校が例示された。

4．評価の周期

4つめの課題は評価の周期に関するものである。これについては、ヴェルサイユ大学の評価に関する質問の中で、「1996年に行われた同大学の第1回評価は忘れ去られているのではないか」（Curvale氏）との見解が示された。このコメントは、一見ヴェルサイユ大学の調査における担当者の回答と矛盾してみえる。しかし、調査対応者として、現副学長と第1回評価当時の副学長が出席し、それぞれ分担して互いに確認しながら回答していた点を考えると、必ずしも齟齬があることにはならない。勧告に基づいていくつか対応がなされたことと、勧告があったこと自体を現在も認識しているか否かは、別の問題だからである。

このCNEの勧告が「忘れ去られる」ということは、決してヴェルサイユ大学に固有の問題ではない。「忘れ去られる」ことの最大の理由は、CNEによる大学評価の方法論上の問題に起因する。先に手段の欠如という課題を示したが、個別大学評価に必要な作業量とそれに充てることのできる人員とに大きな開きがあり、1大学当たりの評価に要した期間は、当初予定されていたものを大幅に上回ることとなった。そのため、第1回評価が終了してから第2回評価が実施されるまでにかなりの間が開くことになり、全大学を4年周期で評価するという構想はまったく実現されなかった。実際には表7に示されるように、第1回評価と第2回評価の間隔は短い大学では4年（ナント大学、リヨン第3大学）であるが、長い大学であれば18年（ポー大学）にもなっている。平均すると約10.3年となる。

ヴェルサイユ大学も第1回評価が1996年で第2回評価は調査時点で進行中であったから、9年の間隔が開いたことになる。そのため、大学側で第1回評価に直接携わった者、特に管理職にあった者は、第2回評価の際には通常その職を退いており、まったく新しい者が担当することになる。まさにヴェルサイユ大学においても事情はこの通りであった。したがって、評価が「忘れ去られる」ことは、フランスにおける大学評価全体の課題である。この点についてCNEは、評価を大学改善にとってより有効なものとするためには、それを「記憶に残す」（Curvale氏）ことが重要であると

の判断から、調査時点において「追跡調査（suivi）」が試行的に実施されていた。この追跡調査は、次章で詳述するが、CNE によって評価が行われた 2 年後に、その進捗状況について点検を行い、大学による自発的な改善を促そうとするものである。

表7. 個別大学評価の周期（第 1 回評価と第 2 回評価の間隔）

4年：2校	6年：2校	7年：4校	8年：7校	9年：2校
10年：2校	11年：4校	12年：2校	13年：3校	14年：4校
15年：2校	17年：1校	18年：1校		（平均：10.3年）

第 4 節　CNE による大学評価の改善

　前節までで、CNE による大学評価に対して指摘されている問題点を整理するとともに、大学評価の取組に対する CNE 自身の見解を示してきた。これらを合わせて考察すると、提示されている問題点に関しては、CNE が基本方針にしたがって信念を持って活動しているが故にそれが生じているか、あるいは、意図的・無意図的に何らかの対策が取られている（ないしは取ろうとしている）かであることが分かる。

　まず、第 1 節で示した第 1 の問題点である「評価の寛大さ」については、被評価者による評価の受容性の問題と合わせて考えなければならない。上に示したように、CNE の目標の 1 つはフランスの高等教育における「評価文化の定着」である。その達成のためには、一方では高等教育担当省からの独立性を維持することにより、公正な立場から評価を行うことを示す必要があった。他方では、大学の改善に資する評価という本来の趣旨からすると、評価に対する被評価者側の受容性が必要であった。そして、そのためには一定の寛大さが必要であったということである。CNE の評価は「大学や省を支援するため」のものであり、批判が目的ではない。そのため CNE は、評価が「統制や監視を行うものではないことを常に説明」している。その結果、初代 CNE 委員長のシュヴァルツによれば、「CNE は至る

所で大学の学生・教員・学長に大歓迎を受け」、「学長の多くが自発的に自らの大学の評価を要請」するまでになった[194]。

　受け容れられない評価によって改善がなされることはない。外部から制度的に強制をしても、内面まで変えることはできないので、それが上辺だけのものとなり、真の改善とはなり得ない可能性がきわめて高い。そのため、評価と改善を結び付ける基底条件として評価の受容性を維持していく必要がある。その上で、先に引用したような「もっと踏み込んで批判」をすることも今後の方向性の選択肢の1つであるが、最終目標が大学改善であれば、厳しい批判とは別の方法でそれを確保できるようにシステムを工夫することも、取るべき道筋として考えられる。

　第1節で示した第2の問題点である「評価報告書に対する関心」については、2つの事項が解決の方向として考えられる。1つはCNEの評価報告書に対する行政側の関心について、契約交渉におけるその活用度が増すことによって、それが高まることが期待される。前章および本章で示したように、CNEは、個別大学の評価報告書が国との契約交渉において有効に活用されるように、それが契約交渉の2年～数ヶ月前までに刊行されるように配慮をしている。このような方針を実施することで、契約交渉においてCNEの評価や勧告を引き合いに出す大学も多くなっており、したがって行政側もCNEのそれに多かれ少なかれ関心を持たざるを得なくなっているといえる。

　もう1つは他大学の評価報告書に対する大学側の関心について、そのホームページ上での公開がそれを高める可能性を持っている。個別大学評価報告書はCNEのホームページから自由にダウンロードできるようになっている。また、後に第7章で示すように、CNEは折に触れて全体報告書やテーマ別報告書などで、先進的・特徴的な大学の取組を紹介しており、その多くも同じくダウンロード可能である。他大学の取組を知ることは容易になっており、それを可能にするシステムは整備されている。しかしなが

---

194) Laurent Schwartz, *op.cit.*, 1999.

ら、上に示したように、現在では「他はどうか」よりも「他からどう見られているか」の方が重視されており、何らかの工夫が必要となっている。

最後に、提示されている第3の問題点である「決定権の無さ」と第4の問題点である「手段の欠如」については、追跡調査がその克服の可能性を秘めていると思われる。もっとも、CNEはこのことを直接意識して追跡調査を開始したのではない。次章で詳しく見るように、個別大学評価で指摘された事柄を、忘れ去られないように改善に結び付けるための方策として考案されたものである。しかし、この評価と改善とを結び付けようとする試みが、これら2つの問題点を補うことになる。

CNEの勧告には強制力が無く、最終的に改革を行うか否かは大学次第である。勧告が実行されない理由としては次の3つが考えられる。

①大学が何らかの理由をもって積極的にしたがわない。
②勧告には賛同するが諸事情のため実施できない。
③作業が進まないうちに担当者が交代する等して忘れ去られてしまう。

追跡調査を実施することで、またその際に大学に対して改善に向けてさらなる助言を行うことによって、少なくとも①以外の要因の多くは取り除かれると考えられる。したがって、強制的な決定権は無くても、多くの改善を促進するようになることが期待される。

もう1つの人的・物的手段の欠如に関しては、その悪影響が最も現れるのが評価の間隔の長さである。上に見たように、予算・人員の不足により評価作業が捗らず、評価の周期が長くなってしまうことで、前回の評価・勧告の内容が忘れ去られてしまうことになるのである。しかしながら、個別大学評価の2年後に当該大学に対して追跡調査が実施されることにより、勧告が放置される可能性は以前よりも大幅に減少し、人的・物的手段の不足から生じる問題の1つを大きく緩和すると考えられる。また、勧告が実行される可能性が高まるという意味では、第1の課題の「評価の寛大さ」を補うものでもあるといえる。

第6章
大学評価の有効活用に向けての新たな施策
―― 追跡調査の試み ――

第1節　追跡調査の試行

1．追跡調査実施の背景

　前章で述べたように、CNEに対する訪問調査の際に「勧告の内容が忘れ去られることが多い」ことについて遺憾に思っているとの見解が示された。CNEの勧告が「忘れ去られる」ということは、必ずしも大学側の改革意欲の低さのみによるものではなく、CNEによる大学評価の方法論上の問題に起因するところも大きい。すなわち、第1回評価が終了してから第2回評価が実施されるまでに概ね10年の間が開くことになるため、大学側で第1回評価に直接携わった者、特に管理職にあった者は、第2回評価の際には通常その職を退いており、まったく新しい人が担当することになるのである。したがって、評価が「忘れ去られる」ことはフランスにおける大学評価全体の課題といえる。そこでCNEは、評価を大学改善にとってより有効なものとするためには、それを「記憶に残す」ことが重要であると判断した。

　また別の要因としては、CNEの個別大学評価およびそこでなされる勧告には強制力がなく、大学改革の決定打になりにくいという批判が国民教育

第6章　大学評価の有効活用に向けての新たな施策

省を中心に出されていることから、これに応える必要もあった。この「評価と決定の独立性」に関しては、初代 CNE 委員長のローラン・シュヴァルツも、それが大学による CNE 評価の受容をもたらしている一方で、不都合な面も持ち合わせていることを指摘している[195]。さらに、追跡調査は「大学運営ならびに省との契約政策の一環として作成される計画に対して、CNE が実施した機関評価および表明した勧告の影響を測定すること」[196]、すなわち当該大学の改善に対する評価の影響を明確にすることも目指している。かくして、CNE は 2004 年より試行的に個別大学評価の「追跡調査」を実施することになった。

2．追跡調査の方法

追跡調査は、各大学の評価報告書刊行の 2 年後から開始されることになっている。ただし、試行段階ということもあってか、実際には追跡調査の開始時期がこれよりも遅くなっている場合もある。追跡調査の実施は、原則として当該大学の評価者の中から 3 名程度が担当することになっている。

追跡調査は試行的に実施している段階であり、2004 年にはブルターニュ＝南大学、ランス＝シャンパーニュ＝アルデンヌ大学、ピカルディ＝ジュール・ヴェルヌ大学、リモージュ大学、サン＝テチエンヌ＝ジャン・モネ大学、エクス＝マルセイユ地区の 3 大学（第 1・第 2・第 3）において行われた。

今後の方法論等についての詳細な議論はまだ十分になされていないが、CNE の評価以降の改善あるいは改善計画における勧告の位置付けを分析すること、CNE による評価の有効性と妥当性を測定すること、大学側の過重な作業を避けて「軽微な」方法で実施するようにすること、契約政策に活用できるような形で実施すること等を基本方針としている[197]。そして、こ

---

195) Laurent Schwartz, *op.cit.*, 1994, p.102.
196) CNE, *op.cit.*, 2005, p.85.
197) *Ibid.*, p.9.

れらによって、全学政策の戦略的基軸の実行における大学への支援、体系的で継続的な内部評価プロセスの導入の奨励を行うことを目指している[198]。

追跡調査の手順は以下の通りである[199]。

①CNEと大学との間で資料を交換する。
②CNEが任命する3名の派遣団が現地（大学）を訪問する。
③派遣団が報告書を作成する。
④同報告書がCNEによって承認される。
⑤同報告書が大学学長に送付される。
⑥学長の返答を伝えるための会合が開かれる。
⑦大学側の返答を付した最終報告書が刊行される。

①の段階で最初に交換される資料として、CNEからは当該大学の政策または活動の事項リストを総合的に捉え直した書類が送付される。これは、追跡調査がCNEの勧告の進捗状況をみるものであるから、基本的には当該大学の評価報告書の抜粋のようなものとなっている。大学は、この書類に基づいて、CNEによる評価以降の関係する数値の変化ならびに全学契約において採用された戦略的選択の論証的提示を行うことになる。すでに調印されている場合には4年制契約における勧告の考慮に言及することも求められる。これらは利用可能な文書・データ・指標に基づいて行われるものであり、追跡調査は、大学が進捗状況を「証明」することを基本として行われることになっている。

②の段階で行われるCNEの現地訪問に際しては、CNE派遣団と大学の執行部との間で作業会議が開かれ、「対話」を通して作業が進められる。必要に応じて学外者（地方公共団体関係者、経済界関係者など）をこの会合に参加させることもできる。この点についての判断は大学側が行うことになっ

---

198) *Ibid.*, p.85.
199) *Ibid.*, pp.9-10.

ている[200]。

⑦に示される追跡調査の報告書は15頁程度であり、認められる成果および大学が行ったCNE勧告の活用について記載がなされる。そこには個別大学評価報告書と同じように、学長による大学側の返答も合わせて掲載される。例として、サン＝テチエンヌ大学、ブルターニュ＝南大学、ランス大学の3大学の追跡調査報告書の目次を示すと表8のようになる[201]。

表8．追跡調査報告書の目次例

サン＝テチエンヌ大学(全16頁)	ブルターニュ＝南大学(全16頁)	ランス大学（全16頁）
1．管理運営 　○評議会の機能 2．パートナーシップ 3．国際関係 4．明確な全学政策に役立つ管理 　(1) 運営道具の作成 　(2) 人材管理 　(3) 遺産管理 5．IUTサン＝テチエンヌ校の統合 6．教育 　(1) 学生数 　(2) 教育提供 　(3) 学生数の少ない教育 　(4) ロアンヌ・キャンパス 　(5) 教育の評価 7．継続教育 8．学生生活 　(1) 大学生活への学生参加	1．大学の管理・機構・運営 　(1) 管理 　(2) 評議会 　(3) 運営 　(4) 大学の構造化 　(5) 大学の二極化 　(6) 構成部局 　(7) 研究の構造化 　(8) 所属意識と全学政策の発達 2．協議機関 　(1) 方針評議会 　(2) 近隣大学との関係機構 3．管理運営 　(1) 共通業務局・全学業務局 　(2) 予算・会計の概況 　(3) 公的パートナーの支援 4．教育 　(1) 学生数の変化	1．大学運営と遠心傾向対策 　(1) 機関および構成部局の運営 　(2) 全学計画の活力 　(3) 受入・コミュニケーション政策 　(4) ランス大学と地方公共団体 2．管理運営 　(1) 構成部局間の格差縮小・再編 　(2) 付加時間の制御 　(3) 教員・事務系職員の管理 　(4) キャンパスでの受入条件 3．学生数 　(1) 学生数 　(2) 地方分散したキャンパス

---

200) *Ibid.*, p.85.
201) CNE, "Suivi des évaluations, l'Université Jean Monnet de Saint-Etienne", *Bulletin*, no.49, Paris, 2005, CNE, *op.cit.*, 2004 (*Bulletin*, no.45), CNE, "Suivi des évaluations, l'Université de Reims-Champagne-Ardenne", *Bulletin*, no.43, Paris, 2004.

（2）キャンパスの委員会
　（3）対学生サービス
9．研究
　（1）博士教育センター
　（2）契約における受託研究グループ
　（3）専門拠点
　（4）「光学・視覚」拠点
　（5）「スポーツ・健康」拠点
　（6）「地域開発」拠点
　（7）研究の活用
　（8）研究の運営
結論
学長の返答

　（2）情報提供・進路指導政策
5．教育提供
　（1）法学・経済学・経営学
　（2）文学・人文科学・社会科学
　（3）理学・科学技術部門
6．技術短期大学部
　（1）IUT ヴァンヌ校
　（2）IUT ロリアン校
7．継続教育
8．研究
9．学生生活
10．資料収集政策
結論
学長の返答

4．教育提供
　（1）課程間の学生数均衡化
　（2）教育提供の変化
　（3）第1期課程での失敗対策
5．研究
　（1）研究チーム
　（2）博士教育センター
　（3）研究の活用
　（4）結論
6．共通業務局
　（1）学生スポーツ実践
　（2）継続教育
　（3）資料収集方法
　（4）追跡調査・計器板
結論
学長の返答

第2節　追跡調査の事例

　追跡調査の対象となる項目は、表8からも分かるように、CNEの評価報告書において勧告された事柄であるから、管理運営、教育、研究を中心に多岐にわたっている。また、当然ながら具体的な内容は大学ごとに異なる。以下では、上記表8にある3大学（サン＝テチエンヌ大学、ブルターニュ＝南大学、ランス大学）の追跡調査について事例的に考察することにする[202]。

1．サン＝テチエンヌ大学の追跡調査

　サン＝テチエンヌ大学は、CNEとの作業会議用の資料としてCNEの勧

---

[202] これら3大学は資料上の制約から選ばれたもので、追跡調査報告書とその直前の個別大学評価報告書の双方ともを入手できた大学である。したがって、典型例とはいえないが、追跡調査が実施されている大学が多くないことから、例として参照するのには問題ないと考える。

第 6 章　大学評価の有効活用に向けての新たな施策

告とその後の対応について一覧表を作成しており、それが公表されている。その主要部分を示したものが表 9[203]である。ここでは、これを中心に必要な部分を追跡調査報告書で補いながら、同大学の追跡調査の結果をみることにする。これによれば、3 分の 2 以上の事柄について改善が行われており、CNE の勧告を受けて何らかの対応を実施したのは 13 項目中 9 項目、検討中の項目は 4 項目となっている。追跡調査の時点で実施しないことを決定していた項目はない。なお、同大学の個別大学評価報告書は 2003 年に、追跡調査報告書は 2005 年にそれぞれ刊行されている。

　まず、勧告に対して対応がなされた項目について、その勧告と改善策を対照させてみると表 9 のようになる[204]。

表 9. 大学評価時の CNE 勧告とサン＝テチエンヌ大学の対応の対照表（1）
（勧告に対して対応がなされた項目）

大学評価時の CNE の勧告	着手または実現された活動
管理評議会：時として議事日程が長すぎて、学外構成員のような何人かのメンバーのやる気をそいでいる。	年度当初における会議日程の公表および会議回数の減少
パートナーシップ：国立サン＝テチエンヌ技師学校との連携	現在、国立サン＝テチエンヌ技師学校は博士教育センターに統合されている。 国立サン＝テチエンヌ技師学校長への依頼を実施した。
教務・大学生活評議会：会議時間が余りに長い。	終了時刻を記載した召集案内 学長補佐局における議事日程の事前の議論と準備
教務・大学生活評議会が学生生活の問題を十分に扱っていないので、全体としてその役割を果たしていないと CNE は考えている。	2004 年度より学生副学長および学生代表会議の実施方法が変更となる。これら学生代表との協議により必要な措置を講じる。

---

203) CNE, *op.cit.*, 2005 (*Nouveaux Espaces pour l'université*), pp.89-90.
204) 表 12 および表 13 の作成においては、CNE, op.cit., 2005 (*Bulletin*, no.49) も合わせて参照した。

ロアンヌ大学センター：学生数の劇的な減少を懸念している。	本年度中に教育提供を再検討するための考察が行われた。実学的なAESリサンス第3学年を設置し、法学の定員を大幅削減し、技師学校への入学準備となるように理学DEUGの内容を実用化した。目標は学生数のレベルで定められた。
サン＝テチエンヌ大学のコミュニケーションの充実	学長室長とコミュニケーション業務局の使命をきちんと区別するための業務再編。 新たなウェブサイトの設置。
大学の事務組織：事務系職員に関して再編成がなされていない。	2003年と2004年に再編成が行われた。 医学部研究グループでの3つの学内配置転換が実施された。
国際関係：学生の流動性を奨励・組織化する努力がなされなければならない。	全学政策の強力な基軸と位置づけてさまざまな活動に着手。 ・国際協定の95％以上で積極的な関係作りや交流を行う。 ・学生の国際的流動性は、ERASMUS関係のものを中心に、とりわけ双務協定の発展により増加を示す。 ・2002年度には224名の学生が関係し、その約半数はERASMUSの一環である。 ・外国で実習を行った学生は、1999年度の207名から2002年度の299名へと増加。 ・交流協定数が増加し、国外で実習を行った学生は50％近く増加。
国際言語・文化センター：国際言語・文化センターの活動に対する懸念（協定の内容、交換の少なさ）。	留学生に対する同大学の魅力を高めるための事業の一部をなす受入・付添支援の一環として、チューター制や個別調査と並んで、同センター内での語学教育の充実に取り組んでいる。

　次に、改善を検討中の項目について、勧告と検討事項を対照させてみる表10のようになる。

　以上に示したように、CNEの勧告や指摘を受けて何らかの対応がなされた事柄は、たとえば会議に関する改善のような比較的容易に取り組めるものだけではない。ロアンヌ・キャンパスの学生減少への対策（表9）のように、かなり大がかりな作業を伴う改革も短期間に取り組まれていることが分かる。また、何らかの対応をした事柄の中には、追加の対応を検討中のものもある。

　検討中の項目についても、勧告を受けて何らかの対応がなされつつあることが分かる。順調に進めば、改善が実行された項目へと移行していくものと期待される。もちろん、何らかの対応が実行されている事柄も含めて、

それらが十分なものか否かという問題はあるが、CNE の勧告および追跡調査の実施が、少なからぬ比重で大学が改善に着手する契機になっていることは明らかであろう。

表10. 大学評価時の CNE 勧告とサン＝テチエンヌ大学の対応の対照表（2）
（勧告を検討中の項目）

大学評価時の CNE の勧告	検討中の活動
とりわけ博士教育センターでの教育に関連して、サン＝テチエンヌ大学の学術政策が不明確である。	博士教育センターは4年制契約の枠内で同大学の学術政策に依拠している。 研究テーマの選択および研究奨励金の配分手続きについての再検討が進められている。
価値増進委員会の新設	商工活動業務局評議会の新設計画が進行中である。
IUT サン＝テチエンヌ校が全学の指示にしたがわない独立的・閉鎖的存在である。 IUT の教員および事務系職員の人事管理が他の部局と異なっている。	管理運営の現代化を通して大学本体との一体的運営が志向され始めている。 継続教育・経験知識認証や資料収集における協力、管理ソフトウェアの共有化が進行している。 教員＝研究員の採用・昇進および事務系職員の人事管理が、全学の学術政策と一貫する形で進められるようになってきている。

2．ブルターニュ＝南大学の追跡調査

ブルターニュ＝南大学については、サン＝テチエンヌ大学のような主要項目の一覧表が公表されていない。そのため、ここでは少し対象を限定し、教育関係の事柄を中心に同大学の評価報告書と追跡評価報告書を比較対照することとする。ここで取り上げる主な勧告は以下の5点である。なお、同大学の個別大学評価報告書は1999年に、追跡調査報告書は2004年にそれぞれ刊行されている。

①学生に対する業務の質を向上させること。
②学生数の減少に対応すること。
③学生の生活環境の見直しを行うとともに、所属意識を高めること。
④ IUFM との関係を強化すること。

⑤学科新設よりも既存の教育の強化を優先すること。

①の点についての対策としては、個別大学評価時点で、第1期課程の学生に対する支援措置、一般教育と職業教育の間の移行制度、困難な学生の追跡調査が、すでに全学政策の一部として計画されていた[205]。これらは「大学での失敗対策」として、DEUG 進学が不適切であったと判断される学生が、適合する STS 等へ進路変更できるようにするものである。具体的には、DEUG で困難に陥っている学生に対して、最終的に新たな進路を選択可能にする進路指導＝強化課程を用意することによって行われており、毎年約 80 〜 90 名の学生がこの措置を享受している。さらに、次に述べる学生数減少対策ともかかわって、実際にこれら学生が進むことになる職業教育コースの拡充が図られている。学生に対するこれらの業務に関しては、「学生受入、失敗に対する闘い、就職支援の措置に対する積極的支援、ならびに、とりわけ CROUS (Centre régional des œuvres universitaires et scolaires：地方大学・学校厚生事業センター) とのパートナーシップの下で諸業務や社会政策を発展させる」ことが、2004 〜 2007 年計画においても継続して含まれている[206]。

②はフランスの大学全体に共通の問題であるが、ブルターニュ＝南大学のようなこれからイメージ・アップを図らなければならない新設大学にとっては、より深刻な問題である。実際に、同大学でも教育提供は増強されているのに学生数は低下傾向にあった。そのため CNE は、適切な規模での教育提供を行うために、大学区[207] 本部とともにバカロレア取得者の流量予測分析を行うことを勧告した[208]。この分析自体は実施されなかったが、学生数減少に対しては2つの対策が取られることとなった。1つは高校に

---

205) CNE, *L'Université de Bretagne-Sud*, Paris, 1999, pp.85-86.
206) CNE, *op.cit.*, 2004 (*Bulletin*, no.45), p.6, p.14.
207) フランスにおける教育行政区の1つで、概ね地域圏と同じで複数の県から構成される。
208) CNE, *op.cit.*, 1999 (*L'Université de Bretagne-Sud*), p.86.

対して積極的に教育の宣伝を行うことであり、もう1つは第2・第3期課程を中心に教育提供を魅力的なものとすることである。前者は、高校最終学年との接触強化と、高校生に適合したコミュニケーション手段の設定とを基本路線に、高校の校長に対する情報提供会議（校長の80％以上が出席）、高校教員と大学教員のテーマ別の作業会議、高校での説明会やフォーラムへの参加、各キャンパスでの「オープン・キャンパス」の開催などを行っている。後者については、一般教育コースよりも職業教育コースの発展を優先事項とし、DESS、職業リサンス[209]、IUT、IUPを拡充している。この方針は2004〜2007年の全学計画においても継続されている。これらの政策により、近隣大学の大部分が大幅な学生数減を経験している中で、1998年度と2002年度の間で全体として約8％学生数が増大するという成果がもたらされた[210]。

　③の勧告は学生の生活環境の見直しを行うとともに、所属意識を高めることである[211]。この点に対しては、ブルターニュ演劇センター、主要キャンパスのあるロリアン市とヴァンヌ市、CROUS等との連携強化により、文化活動の面で学生に対してさまざまな優遇措置（観劇優待席、学生会館の提供など）が講じられたり、体育・スポーツ活動業務局によって多くの屋外活動が提供されたりしている。施設・設備面では、障害のある学生が利用しやすいように建物を改修したり、社会的活動のために大学の施設・設備を利用に供したりもしている。大学の管理運営への参加については、ヴァンヌまたはロリアン・キャンパスの一方に学生副学長、もう一方に学生学長補佐を置いており、評議会選挙への投票率も上昇してきている。学生生活に関しても、CROUSとのパートナーシップの下で諸業務や社会政策を発展させることが、2004〜2007年全学計画に継続して盛り込まれてい

---

209) 職業リサンスは、1999年に新設された第1期課程修了者を対象とする大学3年次の職業教育である。
210) CNE, *op.cit.*, 2004（*Bulletin*, no.45), p.6.
211) CNE, *op.cit.*, 1999（*L'Université de Bretagne-Sud*), pp.85-86.

る[212]。

　④は、特に理学・科学技術部門の物理学・応用コースについて、応用物理学の中等教員免状への準備教育を編成するためにIUFMとの関係を強化することである[213]。IUFMとの連携強化に関しては、追跡調査では不十分とされたが、理系学際リサンスに学校教員志望の学生を受け入れ、準備教育を行っている。このIUFMとのパートナーシップも2004～2007年全学計画に継続して含まれている[214]。

　最後に、⑤は地方分散に関する事柄である。ブルターニュ＝南大学はヴァンヌとロリアンの大学拠点連合から誕生したという歴史的経緯もあり、これらそれぞれを母体とする2つのキャンパスの二極分化傾向が大きな課題となっている。そのような状況において、さらにキャンパスを分散化させることによる大学の統一性や構成員の所属意識の稀薄化が懸念される中で、また先に示した学生数減少という傾向の中で、CNEは学科新設よりも既存の教育の強化を優先することを勧告していた[215]。しかしながら、ブルターニュ＝南大学は、CNEの勧告に反してポンティヴィ・キャンパスでIUT学科と職業リサンスを新設した。これについては、同キャンパスはブルターニュ地方中央部に存する唯一の大学キャンパスであり、道路整備や医療地区の設置ならびに大学の発展を通して「この地域の過疎化と戦うという意向を国およびブルターニュの地方公共団体と共有している」[216]というのが大学側の言い分である。また、地域振興への協力により、大学に対する地域の経済界の支援も期待している。このような大学側の主張に対してCNEも一定の理解を示し、追跡調査報告書では「大学が利用できる戦術の幅を評価する」[217]としている。

---

212) CNE, *op.cit.*, 2004（*Bulletin*, no.45）, p.13.
213) CNE, *op.cit.*, 1999（*L'Université de Bretagne-Sud*）, p.39.
214) CNE, *op.cit.*, 2004（*Bulletin*, no.45）, p.9, p.13.
215) CNE, *op.cit.*, 1999（*L'Université de Bretagne-Sud*）, p.48.
216) CNE, *op.cit.*, 2004（*Bulletin*, no.45）, p.16.
217) *Ibid.*, p.13.

第6章　大学評価の有効活用に向けての新たな施策

　以上、教育関係の項目を中心に、ブルターニュ＝南大学の個別大学評価における勧告と追跡調査におけるその後の進捗状況の評価との関係をみてきた。多くの勧告は実行に移されるか、実行されつつあるかであったが、すべてが完全に実行されたのではなく、むしろ意識的に CNE の勧告に反する行動を取っているものすらあった。しかしながら、追跡調査においてなされた「対話」により、大学はその意図を明確に伝え、CNE もこれに一定の理解を示している。このようなことを含みつつも、CNE は追跡調査報告書の「結論」部分において、新設大学である同大学が着実に進歩していることを追跡調査を通して確認したと総括している[218]。

3．ランス大学の追跡調査

　ランス大学についても、やはりサン＝テチエンヌ大学のような主要項目の一覧表が公開されていない。そのため、ブルターニュ＝南大学の場合と同様に少し対象を限定して、同大学の評価報告書と追跡評価報告書を比較対照することとする。評価報告書において指摘された中核的課題の1つが学生数減少およびそれに関連する問題であるので、この点に関する勧告に焦点を当てて考察することとする。なお、同大学の個別大学評価報告書は1999年に、追跡調査報告書は2004年にそれぞれ刊行されている。

　フランスでは90年代後半からバカロレア取得者数が減少に転じており、そのため多くの大学において学生数の減少が課題となっている。ランス大学でも事情はこの通りであるが、同大学に特徴的なことは第2・第3期課程における学生の「流出」による減少である。すなわち、ランス大学で第1期課程を終えた後にパリ、ナンシー、ディージョンの大学での学業継続を希望して移動する学生が多数おり、第1期課程と第2・第3期課程との間に学生数の不均衡が生じていることが大きな問題となっていた。CNE はこの問題に対して、焦点を絞ったより魅力的な第2・第3期課程教育の実施を勧告した。また、とりわけ理科系コースの職業教育化を充実させるこ

---

218) *Ibid.*, p.13.

第2節　追跡調査の事例

と、就職に対する配慮を行うことも勧告している[219]。

(1) CNE の勧告に基づく改善

ランス大学は、これらの CNE の勧告に概ねしたがっている[220]。まず、第3期課程に関して 2000 ～ 2003 年契約の中に高度職業人の養成を目的とする DESS の免状新設が組み込まれた。この結果、ランス大学の評価が行われた 1999 年度において 528 名であった DESS の学生数は、2003 年には 844 名へと 50％以上の増加を記録した。また、登録者の 55％は大学区外の出身者（うち 13％は留学生）となっている。この間、研究志向の DEA の学生数は横這い（約 250 名）、博士課程の学生数も微増（400 名強）であるので、職業志向の DESS の増強が第3期課程学生の絶対数増大の主たる要因となったことが分かる。

第2期課程については、職業リサンスや IUP の新設により職業教育コースが拡充された。これも 2000 ～ 2003 年契約の一部をなすもので、15 の職業リサンス（うち 10 は科学技術領域）と 2 つの IUP（芸術・文化職と材質工学）を新設している。これら新設された職業教育コースへの登録者数は、第1・第3期課程分も含めて 853 人（2003 年度）となっている。中でも職業リサンスの拡大は著しく、2000 年度の 81 名から 2003 年度の 387 名へと 5 倍近い増加となっている。さらに、欧州標準の LMD 制への移行に伴う教育再編の一環として、新たな職業リサンス・職業マスターの創設を計画し、第2・第3期課程における職業教育コースの発展を継続させる方針が採られている。この他にも、附属高等包装・梱包技師学校を大幅に拡充して 2000 年度の 40 人から 60 人へと 50％増とし、技師養成を強化している。また、IUFM との積極的なパートナーシップにより、教員採用試験への準備教育も職業教育の一環として強化されており、2002 年度には 335 名の学生に対

---

219) CNE, *L'Université de Reims - Champagne-Ardenne (évaluation seconde)*, Paris, 1999, pp.95-98.
220) CNE, *op.cit.*, 2004（*Bulletin*, no.43), p.14.

して各種中等教育教員への準備教育を行っている。

　また、勧告にしたがって学生に就職支援対策の充実が図られており、2004〜2007年の全学計画においても継続している。これに該当するものとしては、付添指導の措置・方策としての職業計画の作成指導、ポスト・雇用供給に関する情報提供、就職支援室の設置である。この他にもいくつかのコースにおいては就職調査が導入されており、追跡調査においては、これを職業教育コース全体に拡大することがCNEから求められている[221]。

(2) 自発的に実施した改善

　学生数減少に対するランス大学の対応は、第2・第3期課程の充実というCNEの勧告の実行だけではない。CNEが明らかにしたさまざまな現状に端を発するものではあるが、第1期課程を中心とする学生に対する付添指導の充実という戦略を自発的な形で取っている。1999年の大学評価の際に、いくつかのコース（AES、文学、歴史学、地理学、言語学など）の第1期課程での合格率の低さが指摘された。第1期課程での合格率を高めることは、第2・第3期課程の学生数増加にも繋がることから、上述の各種職業教育コースの充実の基礎をなすともいえる。ランス大学は、2000〜2003年契約中にこれを改善するために、講義の2分割、演習グループ規模の縮小、チューター制の強化などの措置を実施した。

　これらの他に、この大学に独特な「学生リレー」と呼ばれる措置が実施されている。これは、やむを得ない事情により演習を欠席したり、試験を受けられなかったりする学生を支援するためのもので、欠席の理由を学生に尋ねて激励するための電話連絡、第1学期末試験を受けなかった場合には郵送での連絡を行うというものである。たとえば、法学＝経済学＝AESでは、243名の学生が電話によるフォローアップを享受した。学生集団がますます異質になって、選択した教育の継続にバカロレア資格が適合していない場合があるにもかかわらず、このフォローアップ措置の導入によっ

---

221) *Ibid.*, pp.7-12.

て、合格率上昇と中退率減少の傾向が見られた。非常に有益な進路変更が可能になっているとして、CNE も追跡調査で高く評価している[222]。

　以上、ランス大学について、主要課題の1つである学生数減少をめぐってのCNE の勧告と同大学の対応を中心に見てきた。ランス大学の対応は、この問題に関して個別大学評価においてCNE が勧告した第2・第3期課程教育の充実をほぼ忠実に実行するとともに、一歩進めて第1期課程における学生付添指導を強化するものであった。特に後者の「学生リレー」は、学生個人に対する丁寧なフォローアップを行うもので、フランスの大学においては画期的な措置といっても過言ではなかろう。追跡調査におけるCNE の総括は、この問題も含めたランス大学の改善努力全体を高く評価している[223]。

第3節　追跡調査の有効性

　追跡調査が個別大学の改善をどの程度促進するのかを見極めるには、まだ時期尚早かもしれない。しかしながら、CNE は追跡調査を試行するに際して、「大学評価の2年後に追跡調査があるので、大学もそれを目標に対処するのではないか」[224]と効果に期待を寄せている。実際に、上に事例的に示した3大学については、個別大学評価におけるCNE の勧告の大半は実行されているか、あるいは検討中であった。中には勧告に反するような方策が取られる場合もあったが、大学側に明確な理由があり、追跡調査においてはCNE が理解を示す形となっていた。また、ここでは取り上げなかった他の追跡調査対象大学でも、CNE による評価とその後の改善に一定の連続性があること、勧告をもとにした改善が進められていることが確認されている。さらに、未着手あるいは検討中の事柄についてはその再認識の

---

[222] *Ibid.*, p.9.
[223] *Ibid.*, p.12.
[224] CNE 面接調査における Bruno Curvale 氏の発言。

第6章　大学評価の有効活用に向けての新たな施策

場となり、今後の取組の再動機付けあるいは促進要因となることも指摘されている[225]。

　この追跡調査は、PDCA のマネジメント・サイクルに当てはめて考えると、「C（check）」の部分に相当する。そして、各大学の対応を「A（action）」と見なすことができる。さらに視野を広げてフランスの大学評価制度全体で見ると、個別大学の第1回評価が最初のサイクルの「C」に、第2回評価が2回目のサイクルの「C」に、追跡調査は3回目のサイクルの「C」に相当することになる（図6）。最初のサイクルと2回目のサイクルの間が平均10年であるのに対して、2回目のサイクルと3回目のサイクルの間は原則2年であるから、評価と改善の距離も大幅に接近することになると期待される。これは、第3章で提示した評価と改善の距離の問題にも一定程度効果があるものと期待される。

　理論的には、この追跡調査においては、「対話の精神」を基礎に置きつつも、そこに「証明の論理」が付加されている。本章の前半部分で示した追跡調査の手順を図示すると、図7のようになる。そこから分かるように、調査対象大学において実地調査が行われる際に設けられるCNEと当該大学の執行部等との間の「面談等」や、「学長の返答」を伝えるための「会合」においては、CNEと大学の間で勧告とその後の対応や報告書を巡って直接的に「対話」がなされる。また、大学とCNEの間では「書類交換」、「派遣団訪問」、「書類・データ・指標等の送付」、「報告書送付」といったさ

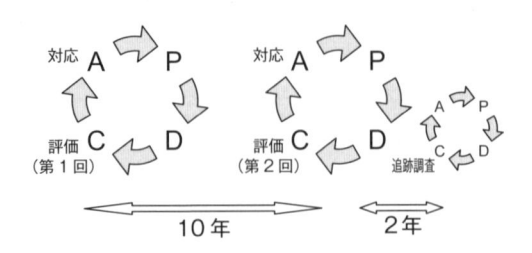

図6. マネジメントサイクルにおけるフランスの大学評価の位置づけ

---

225) CNE, *op.cit.*, 2005（*Nouveaux Espaces pour l'université*), pp.10-11.

まざまなやり取りがなされており、これも機関間の一種の「対話」と見なすことができる。さらには、追跡調査報告書にも記載される「学長の返答」は、紙上での「対話」と解することができる。

一方で、追跡調査の過程においては大学が行う作業が相対的に重要とされている。すなわち、大学はCNEの勧告とその後の対応に関する一覧表を作成したり、面談時や報告書の作成に必要となる「書類・データ・指標等」を提示することになっている。このように大学は、CNEに対して評価後の改善の進捗状況を自らの手で「証明」することを求められている。

追跡調査では、大学が評価後の自らの改善状況を明示し（「証明の論理」）、それを基にして両者が議論等を行って（「対話の精神」）、報告書という結論を導き出していくという手法が取られている。かくして大学は、追跡調査の過程を通して改善の道程を確認できると同時に、大学の取組に関する対外的説明責任を果たすこともできるのである。

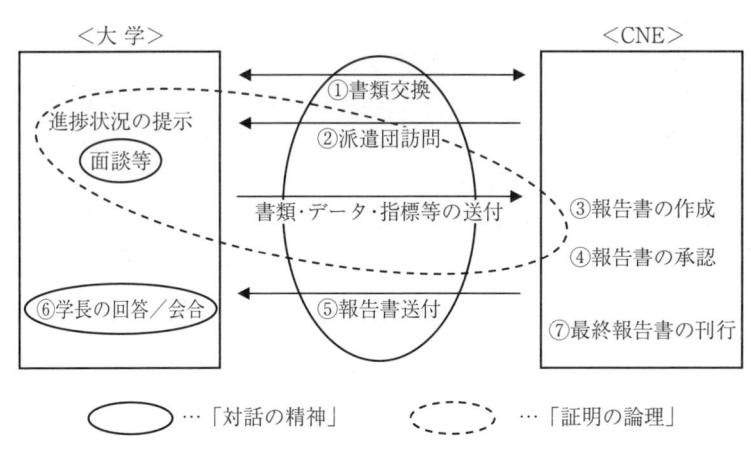

図7．追跡調査の過程における「対話」と「証明」

第7章
CNEによる個別大学の実践紹介

　ガイ・ニーブ（元ヨーロッパ高等教育学会会長）によれば、フランスの大学評価（CNE）の特徴は、①国民教育大臣ではなく共和国大統領に報告すること（独立性）、②個々の部署や個人ではなく大学全体を評価すること、③大学間のランク付けを拒否していることの3点である。いずれの特徴についてもすでに本書中において言及しているが、ここでは③のランキングの拒否に注目したい。というのも同氏によれば、CNEがランキングを拒否する理由は、フランスの「大学評価が、大学改革の先進的な事例を発見し、それを他の大学に波及させることをねらっている」こと、ランキングが「大学の行動の自由を奪ってしまうものと考えられている」ことにある。すなわち、ある大学における先進的な取組や、大学評価に基づく注目に値する改善について紹介することで、それが他大学にも伝播すること、他大学が真似をして改善が行われることが期待されているのである。大学自身による自発的な改善が重視されるフランスの大学評価においては、「大学評価が教育的な意味をもっている」のであり、「コンペティションではなく、改善が大学評価のキーになる」のである[226]。

---

226) ガイ・ニーブ「市場化と大学評価 ── ヨーロッパ高等教育改革の動向 ──」『IDE現代の高等教育』No.447（2003年）61頁。

第7章　CNE による個別大学の実践紹介

　各大学の実践については、それが先進的なものであろうがなかろうが、個別大学評価報告書において記載されている。その中でも特に注目に値する事柄については、そのような実践例を CNE の全体報告書やテーマ別報告書で紹介している。紹介される内容そのものは個別大学評価報告書に記載されているものではある。しかし、全体報告書に再録されることによって当該大学の関係者以外の目に触れる可能性がより高くなるし、テーマ別報告書に再録されることによって当該テーマに関心を持つ人が見る可能性がより高くなる。したがって、全体報告書やテーマ別報告書において実践例が紹介されることには、その普及という点では大きな意義がある。以下、CNE の全体報告書およびテーマ別報告書において、どのような実践例がどのような形で記載されているのかについて見ていくことにする。

第1節　全体報告書およびテーマ別報告書における実践例の紹介の概要

　全体報告書およびテーマ別報告書における実践例の紹介の仕方にはさまざまなものがある。最も中心的なものは、1．個別大学の特徴的な取組を紹介することを目的とした記述、であるが、この他に2．特定のテーマについて論じる中で共通の要素を有する大学名をあげるもの、3．評価活動に関する記述（方法論など）のプロセスで実践内容に言及するものもある。

1．個別大学の特徴的な取組を紹介することを目的とした記述

　この記述では、全体報告書では『大学の進展、評価のダイナミクス（1985～1995年度報告書）』（95年報告書）における現代語教育の実践紹介[227]、テーマ別報告書では『大衆的高等教育』における大学第1期課程の改善事例の

---

227) CNE, *op.cit.*, 1995, pp.49-53.

第1節　全体報告書およびテーマ別報告書における実践例の紹介の概要

紹介[228]、『免状取得者の生成』における就職支援体制の事例紹介[229]が代表例としてあげられる。これらの実践例の紹介については以下で詳しく触れることにする。

この他の取組紹介を目的とした記述の例をいくつかあげると以下のようになる（いずれもテーマ別報告書）。

○『高等教育機関の事務系職員』
　ストラスブール第1大学における事務職員の職務明確化策やグルノーブル第1大学における特別手当政策の試行などが紹介される（第2章「高等教育機関の政策」）[230]。

○『大学スポーツ——学生によるスポーツ実践——』
　パリ第4、ナント、ランス、ラ・ロシェル、サン＝テチエンヌ、ポー、クレルモン＝フェランの各大学と、ボルドー地区のキャンパスにおける実践例が紹介される（第2章「訪問したキャンパスにおけるスポーツ実践」）[231]。

○『研究の活用——学術的・文化的・専門職業的公施設法人における枠組・機構・実践に関する考察——』
　この領域に関する各大学（ル・アーブル大学、リヨン第1大学など）の機構、活動、スタッフ等の実状を簡単に示すとともに、ストラスブール第1大学の研究活用業務の事例が詳しく紹介される（第2章「CNEの評価」）[232]。

---

228) CNE, *op.cit.*, 1990, pp.15-20.
229) CNE, *Le Devenir des diplômés des universités*, Paris, 1995, pp.31-33.
230) CNE, *Les Personnels ingénieurs, administratifs, techniciens, ouvriers et de service dans les établissements d'enseignement supérieur*, Paris, 1995, pp.22-26.
231) CNE, *Le Sport à l'université : la pratique du sport par les étudiants*, Paris, 1999, pp.17-45.
232) CNE, *La Valorisation de la recherche : observations sur le cadre, les structures et les pratiques dans les EPCSCP*, Paris, 1999, pp.21-24, p.46.

第 7 章　CNE による個別大学の実践紹介

2．特定のテーマについて論じる中で
　共通の要素を有する大学名をあげる記述

　特定のテーマについて論じる中で共通の要素を有する大学名をあげるものとしては、『大学にとっての新たな圏域―― 共和国大統領宛報告書 ――（2002 ～ 2004 年度）』（以下「05 年報告書」）における教育提供・学生受入および地域開発に関する事例紹介があげられる[233]。これは、同報告書の第 3 部「高等教育の分析業務に対する CNE の評価」第 1 章「大学と地域」の中でなされている。90 年代には、地方公共団体が地域整備の観点から大学に対して多大な要望を示してきたが、今日では学生数の減少傾向が現れる中で地域整備に対するより合理的で控えめな進展へと変化してきている。

　このような動向を背景として、教育提供・学生受入については、地域経済の需要を考慮に入れて自発的に職業教育コースを中心に据え、差異化された教育提供を行うことで学生数減少の影響を相殺することに成功している大学（サン＝テチエンヌ大学、ポー大学、メーヌ大学、アンジェ大学、サヴォワ大学）や、専門化を方向性の基軸として、それを教育や研究に上手く適用し、地域の特性を活用し、地域の大学間で協力することを志向している事例（サヴォワ大学「山岳」拠点、ブレスト大学「海洋」基軸、サン＝テティエンヌ大学「光学・視覚」拠点、アヴィニョン大学「文化」拠点）などが示されている。また、大学間連携に関して、グルノーブルでは保健衛生、障害のある学生の受入、スポーツ、文化生活といった学生生活の領域における大学間協力が上手くいっており、この領域での大学間協力が他の領域での協力の先駆的役割を果たすとともに、都市との関係強化に大きく貢献しているのに対して、モンペリエでは逆に大学間の連携・協力が無く、都市や CROUS とのかかわりが弱く、たとえば予防医療の実施が困難になっているとして紹介されている。

　もう一方の地域開発に関しては、大学が大きな経済効果を有する存在であるがゆえに、地方公共団体もそれに多大な支援を行っているが、経済・

---

233) CNE, *op.cit.*, 2005 (*Nouveaux Espaces pour l'université*), pp.41-44, pp.48-50.

第1節　全体報告書およびテーマ別報告書における実践例の紹介の概要

地域振興面での貢献度が大きい分、利害関係も大きく、その支援の在り方に注意が必要であることを CNE は指摘している。多くの地方公共団体の大学に対する支援は選択的なものであり、自分たちにとって有益と思われる大学（人文科学系大学よりも理工系・医学系の大学）への支援を優先したり、中小都市の振興のための地方分散を行うように、あるいは地域の将来計画に適った教育を提供するように、大学に対して圧力をかけたりする傾向も見られる。これに対して、いくつかの地域圏（アキテーヌ、ローヌ＝アルプ、ノール＝パ・ドゥ・カレ、ペイ・ドゥ・ラ・ロワールの各地域圏）においては、規模などにかかわらず域内の大学全体に対して総合的に支援を行っているとしている。そのような地域圏においては、研究ネットワークの構築や技術移転に関する協力、資料収集ネットワークの構築や教育革新に対する体系的な支援等が行われていることが紹介されている。

ここでの「大学と地域」に関するさまざまな実践紹介は、少数の実践を詳しく紹介するのではなく、多くの実例を簡単に示す形が取られている。これは、この点に関する実践においては地域特性がきわめて強く、詳細に記述するよりも類似する環境においてみられる共通要素を抽出し、該当する事例を増やした方が適切であると CNE が判断してこのような形式となったと推察される。というのも、詳細を知りたければ個別大学評価報告書ないしは地区評価報告書を参照すれば把握できるので、当該事例を数多くあげることで参照の幅が広がるからである。

3. 評価活動に関する記述（方法論など）のプロセスで実践内容に言及する記述

評価活動に関する記述（方法論など）のプロセスで実践内容に言及するものとしては、大学（および高等教育機関）間の関係性や連携に関する記述が多い。このような記述は、地区単位の評価について論じる中で、この点について若干触れられている程度で必ずしも詳細な記述はなされておらず、厳密には実践紹介とはいえないかもしれない。これは、全体報告書の『高

等教育の使命――原則と現実――』[234]、『高等教育――自治、比較、調和――（1995～1999年度報告書）』[235]、『評価の指標』[236]においてなされている。たとえば『評価の指標』においては、エクス＝マルセイユ地区の3大学がCNEの提案した協力政策を承認し、教育提供の統一書類、経済学・経営学DUEG用の共通運営体制、共有の社会科学図書館、電子資料の共有が行われていることが紹介されている。また、その一方で、今後取り組むべき課題として教員＝研究員の採用があることも示されている。

第2節　CNEによる実践紹介の実例

　CNEによる実践例の紹介について上に概要を示したが、次にその代表的なものをいくつか取り上げて少し詳しく紹介したい。ここでは、実践紹介を明確に意図しているもの、すなわち個別大学の特徴的な取組を紹介することを目的とした記述に該当するものの中から、「95年報告書」における現代語教育の実践紹介、『免状取得者の生成』における就職支援体制の事例紹介、『大衆的高等教育』における大学第1期課程の改善事例の紹介について示すこととする。

1．現代語教育の実践紹介

　現代語教育の実践紹介は、「95年報告書」の第2章「特別の問題」の中でなされている。この章は、CNEの活動における重要テーマ3点――方法論に関する事柄、横断テーマに関する事柄、学問分野別評価――について総括的に記述したものである。現代語教育の問題は「非専攻者に対する現

---

234) CNE, *Les Missions de l'enseignement supérieur : principes et réalités*, La Documentation française, Paris, 1997, p.34-36.
235) CNE, *Enseignement supérieur : autonomie, comparaison, harmonisation (rapport 1995-1999)*, La Documentation française, Paris, 1999, pp.15-27.
236) CNE, *Repères pour l'évaluation*, La Documentation française, Paris, 2003, pp.65-67.

代語教育」として、学問分野別評価に関する部分で取り扱われている。「非専攻者に対する現代語教育」とは、外国語を専門としない学生に対する外国語教育のことであり、たとえば英米文学を専攻していない学生に対する英語教育のことを指す。

この教育は第1期課程では必修となっており、コースごとに異なるが少なくとも全教育時間の5％を占めることになっている。第2・第3期課程では省令上義務化されていないが、大部分の専門コースでそれを選択または必修として課している。そのため、「非専攻者に対する現代語教育」は大学にとっては負担が重いもので、多くの課題を抱えていることから重大な関心事となっている。主な課題として、教育施設・設備（LL教室、コンピューター）が不十分で古典的な講義形式での教育が主流であること、担当する常勤教員の割合が低く、高等教育機関での教育資格を有する中等教育教員を中心とした非常勤教員への依存度が高いこと、保証される教育レベルが最低限のものでしかなく、語学の習熟や言語的・文化的寛容性の習得が困難であること、英語が教育提供される（あるいは実質的に教育が保証されている）唯一の言語であること等が指摘されている。このように、総じて大学の中でも特に教育条件が悪い領域であり、さらに現代語教育の目的や習得されるべき能力が不明確であり、固有の資格の対象とはならないことから、この教育に対する学生の動機付も弱いものとなっている。

CNEは、このような状況の中でも興味深い取組が多数なされていると述べており、その代表例としてボルドー第2大学、ストラスブール地区、トゥールーズ第3大学の実践例を紹介している。以下、若干長くなるが、これら3事例の紹介部分を引用しておこう[237]。

　　ボルドー第2大学では実用現代語部が非常に多様な教育方法を用いており、講義以外に語学センターでの再教育も提供している。指導付

---

237) CNE, *op.cit.*, 1995 (*Evolution des universités, dynamique de l'évaluation*), pp.51-52.

自習・再教育サービスは、ボルドー地方の3大学の学生・教員600人の利用者に週53時間開放されている。それは1990年からVIFAXを始動させている。VIFAXとは、イギリスあるいはアメリカのテレビ通信情報からファックスで送られる教材を用いた、日常的演習による理解のための教育マルチメディア・システムである。この実用現代語部は、教員・研究員に対する学術的翻訳業務も提供している。

　ストラスブールでは、欧州大学拠点で現代語リソース・センターが発展した。それは教員7名で推進されており、3大学が利用している。その目的は、さまざまなコースにおいて、学習に個人の状況を考慮に入れ、指導付自己学習を重視して、語学教育を段階的に発展させることである。語学教育と学問分野の教育とを接続することにより、学問分野教育に外国語を用いることが促進されている。毎年、各大学において英語を中心にコースが開設される。このプログラムにおいてストラスブール第1大学の役割は中心的で、同大学の学生680人（18,000人中）、ストラスブール第2大学の学生137人（13,000人中）、ストラスブール第3大学の学生20人（8,800人中）が参加している。

　財源は、半分が欧州大学拠点によって、残りの半分が3大学によって支出されている。教員グループは、全体の構成・編成を担当する。第2期課程の学生は、平均で週2時間以上を学習室で過ごす。学生はそこで、メトリーズあるいはDEAから採用された指導員の指導で、教員の責任の下、LL教室、情報装置、文字・視覚設備を利用する。同じような種類の限定的な実験が、DEUG第1期課程の学生300人に対しても開始されている。

　しかしながら、これら新しい措置を享受する機会をもたない大多数の学生にとっては、語学教育は、より古典的かつ限定的な形で行われている。主たる問題はLL教室の容量があまりに不十分なことである。

　トゥールーズ第3大学では別の取組が行われた。同大学は、理学と医学が支配的な非常に重要な高等教育機関で、その現代語教育において専門のUFRを創設した。このUFRは4,200人の学生を教員に委ね、

4カ国語（英語、スペイン語、ドイツ語、ロシア語）と2種類の大学免状を提供している。大学免状の1つは実用英語大学免状であり、もう1つは前記4カ国語における学術語大学免状である。指導スタッフは教授1名、助教授1名、中等教育教員15名である。語学UFRは、他のUFRやコースの要求により教育をアレンジしており、2つの研究軸を展開している。1つは自律的な学習に関するものであり、もう1つは語学メトリーズにおけるビデオの利用である。

全学業務しか行わないというUFR規約が承認された事実は、大学の語学教育に対する関心を示している。他方で、この規約は上級の教員集団の採用を可能にした[238]。

もちろん、すべての大学がこのような実践を真似できるものでもないし、上記の大学においても最新の設備の数は決して十分なものではないとされている。そのためCNEは、この問題について改善を図る際のポイントとして、動機付けを図るために、教育の目的を明確に定めること、履修の認定方法を工夫すること（大学独自の免状による認定など）、予算については契約政策を活用すること等を合わせて示している[239]。先進的な事例を紹介するとともに、改善に向けての実施可能なアドバイスが提示される形になっている。

2．就職支援体制の事例紹介

就職支援体制の事例紹介は、テーマ別報告書『免状取得者の生成』の第3章「地域レベルの調査施策の事例研究」において、地域レベルで複数大学と学外関係機関との共同による実践を示す形でなされている。フランスの大学は伝統的に学生の就職に無関心であった。しかし、1980年代に大学

---

[238] ここで紹介している3つの実践は、いくらかの改編を行いつつも続けられている。
[239] CNE, *op.cit.*, 1995 (*Evolution des universités, dynamique de l'évaluation*), pp.52-53.

の非効率性への批判がなされた際に、学生の就職率の悪さが重大な問題の1つとして取り上げられ、大学も学生の進路に関心をもつことが求められるようになっている。学生の進路、とりわけ就職に関して各大学が政策を策定するには関連するデータが必要である。しかしながら、従来は関心がなかったので、各大学にはそのようなデータは備わっておらず、まずは就職・進路に関する情報収集の体制を整えることが課題となっていた。

学生の就職・進路に関する情報収集については、各大学はもとより、大学の枠を越えて地域レベルでの取組も行われている。このような取組は、学生支援・就職支援にとって必要な基礎データを広範囲にわたって収集することで、より正確かつ有益な情報を得られる措置として注目されている。CNEのこのテーマ別報告書においては、そのような取組の代表例として、ローヌ＝アルプ地域圏のOURIP（Observatoire universitaire régional de l'insertion professionnelle：大学附設地域圏就職調査局）と、ノール・パ＝ドゥ＝カレ地域圏の高等教育調査施策が先進的事例として紹介されている。以下、やはり若干長くなるが、これら2事例の紹介部分を引用しておく。

　　○**大学附設地域圏就職調査局（OURIP）**

　　1988年に、ローヌ＝アルプ地域圏の8大学が就職調査の手段を作るために協力した。これがOURIPである。OURIPの参加者の中には、地域圏評議会、大学区本部、商工会議所、OREFRA（Observatoire régional emploi-formation Rhône-Alpes：ローヌ＝アルプ地域圏雇用＝教育調査局）の代表者が含まれている。それは、これら大学の複数の大学情報提供・進路指導共通業務局によって行われていた調査を受け継いでいる。その始まりには少し困難があり、デリケートな問題に対して8大学間で直ちに同意がなされたわけではなかった。

　　地域圏は、扱われる問題を拡大するために、すぐに重要な役割を果たすようになった。バカロレア後教育における学生の進路指導は、地域圏の高等教育の発展展望において、中心的な問題になった。1987年に免状を取得したバカロレア取得者のサンプルに対する長期にわたる

調査が開始されると、バカロレア取得者の進路指導、その経歴、その後の4年間で高等教育において成功したか失敗したか、に関する豊富な情報がたちまち産み出された。OURIPは、この調査と平行して、大学の免状取得者の生成に関する一連の調査を開始し、ローヌ＝アルプ大学統計情報データベースを設置した。

　この調査局の創始者は慎重（あるいは単に堅実）で、その作業を地域圏の他の調査（大学区事務局、OREFRA）と一貫するものと位置づけ、CEREQ（Centre d'études et de recherches sur les qualifications：資格教育研究センター）の方法論で行うことを当初より望んでいた。これにより、地域圏内の学生に関する数多くの正確な情報を、短期間で産み出すことができた。

　OURIPの長所はそれが大学社会に組み込まれていることである。それは、地域圏学長会議と密接に結び付いており、プロジェクトの実施において独立性を真にしっかり守っている。

　OURIPに固有の手段は軽装である。すなわち、常勤調査官、会計官（非常勤）、調査実施に供される大学および地域圏からの年次補助金である。しかし、この他に、4大学の非常勤調査官および他機関のこれに相当する者の支援を享受している。さらに、諸大学の就学・情報業務局との間に必要な協力関係を形成している。

　今日、OURIPの目的は、地域圏の教育全体の中に大学が占める場を研究すること、教育運営の指標を作ること、学生への情報提供および進路指導を改善することである。

○ノール・パ＝ドゥ＝カレの高等教育調査施策

　この施策は以下の2面を含んでいる。
―― 大学の免状取得者の生成についての調査に関する組織化されていない協力。
―― 地域圏の高等教育全体レベルでの指標作成に関する組織化された協力 ―― リール欧州大学拠点の統計研究グループ。

第 7 章　CNE による個別大学の実践紹介

△組織化されていない協力

　10 年来、ノール・パ＝ドゥ＝カレの諸大学は、地域圏評議会の支援により、免状取得者の生成に関する 3 つの共通調査を実施してきた。この協力は、地域圏レベルで有益なデータを作成すると同時に、各大学独自の要求を尊重することを目指している。各大学は独自の調査を実施し、総括文書に関係する有益な要素だけが共通して設定される。

△組織化された協力 ── 高等教育統計研究グループ（GESES）──

　大学の学長たちおよび大学区長は、大学 2000 年計画の準備会議の後に、率先して GESES（Groupe d'études statistiques sur l'enseignement supérieur：高等教育統計研究グループ）を創設した。

　このグループは、地域圏の 6 大学、地域圏評議会、CEREQ 連合センター、商業会議所、地域圏教育・資格・雇用調査局、リール大学・ポリテク連盟、地域圏のグランゼコール団体、保健・社会活動局の各代表者で構成される。

　その使命は「学生の出自および生成ならびに教育需要についての知見を向上させ、収集された現行データをまとめ、それを調和させるに必要な解決策を提言し、存在しないデータの収集を促すこと」である。

　当初、手段を欠いていたので、最初の仕様書では「データをまとめ」、「調和させ」、「提言し」ということが強調されていた。しかし、厳密な方法で高等教育登録者を数えるという地域圏評議会が表明した緊急事項により、同グループは、リール欧州大学拠点の法的監督下で、バカロレア取得者の課程（cursus）を追跡できる地域圏共通バカロレア後登録カードを「作成する」ことになった。このカードは大学間情報処理センターによって作成され、管理されている。

　現在、実用的性格の別の使命が、時宜を得ているという理由で計画されているが、それは、大学が設置している課程（cursus）および就職に関する機構に、GESES が取って代わることを想定するものではない。

　研究グループの考察と予測は、リールの諸大学によって行われる調

第 2 節　CNE による実践紹介の実例

査、とりわけ教育・就職調査局の調査に支えられている。同局の責任者は GESES の調整を引き受けている。現在、この調査局は GESES のロジスティクス媒体である。

　なぜこの文脈の中で地域圏の調査局がもっと早く生まれなかったのか、不思議に思うかもしれない。OURIP の経験はこの点に関して興味深い。各大学に既にある組織や機構が連合できるには、大学に対する外部の後押しが必要であることが分かる。ノール・パ=ドゥ=カレ地域圏の場合、欧州拠点の創設や、とりわけますます激しくなる地域圏協議会の要求が、この種の機構の設置を加速したのである[240]。

　これらの事例は、CNE によれば「学生の経歴および就職に関する作業が上手く行われている」好例であるとともに、「地域圏評議会の支援によって存在していること」、地域圏が「重要なパートナー」であることが共通点であるとされている[241]。このような位置づけから考えると、これら2つの事例は学生の就職をめぐる先進的な実践例としてだけではなく、大学のパートナーとしての地域圏の重要性を示す例としても位置づけられている。すなわち、大学と地域の関係性の在り方の好例であることも示唆しているのである。

3. 大学第 1 期課程の改善事例の紹介

　大学第 1 期課程の改善事例の紹介は、『大衆的高等教育』の第 2 章「高等教育の機能不全を直すこと」においてなされている。このテーマ別報告書は、当時フランス高等教育の最大の問題の1つであった高等教育進学者、とりわけ大学進学者の急増と、それと連動する高い割合の第 1 期課程不合格者への対策が急務であった時期に出されている。高等教育の第 1 期課程では「ねじれ現象」に代表されるように、学生の適性・将来計画と進路と

---

240) CNE, *op.cit.*, 1995（*Le Devenir des diplômés des universités*）, pp.31-33.
241) *Ibid.*, p.33.

のミスマッチが生じている。CNE はこの点に対して、高校での進路指導（未然防止）が最重要としつつも、現実の機能不全に対しては大学での進路指導で対応すること（対症療法）も重要であるとして、進路変更も伴った教育の適性化によって第1期課程の合格率を高めることを提案している。そのような措置の代表的な事例として、この報告書で紹介されているのがリヨン第1大学の第1期課程第1学年における実践である。ここでは『大衆的高等教育』における実践紹介部分の翻訳を示しておく。

> クロード・ベルナール＝リヨン第1大学の評価報告書（25頁）は、大学第1学年に実施された手続きを詳述している。すなわち、大学の構成や環境ならびに進路指導に関して利用可能な手段を学生に教えるために、受入週間が組織される。第1学期は2つの期間に分けられる。「前半は4週間で、全学生に共通の進路指導段階に相当し、学際的科学教育、身体・スポーツ教育、実生活に向けた教育で構成される。最後のものは、各学生による「職業計画」関係書類の作成に対する支援として役立っている。5つのコースから1つを選ぶことができるように、学生に対してテスト・自己テスト・情報が提供される。これとは別に2つの進路――医療補助員試験への準備教育と大学適応教育課程――も開かれている。この段階では、いかなる試験も行われない」。後半は9週間である。「学生は選択したコースの講義を受け、試験で評価される。合格した学生は通常その学業を継続する。平均が7を下回った者は強制的に大学適応教育課程へ進むことになる。それ以外の者は、成績が許せばコース変更をすることができる」[242]。

CNE は、このような代表的な事例[243]を示すと同時に、同じ報告書にお

---

242) CNE, *op.cit.*, 1990, p.15.
243) この問題に先進的に取り組んでいたポー大学では、学生の「蒸発」を減少させるために、職業教育志向の学際的 DEUG・DEUST の新設、「学生情報提供・指導室」の設置、「観察学期」としての第1学期の編成を行った結果、学生の「蒸発」率が大き

第2節　CNEによる実践紹介の実例

いて、以下のように、この種の実践には問題が伴うことも合わせて提示している。

　　……1学期間に定められていた進路指導期間の多くは短縮され、いくつかの事例においてはもはや純粋に象徴程度でしかないほどまでになっている。大学の責任者たちは、長期教育に適していることが一目瞭然で時間の無駄だと思っている者にとっても、2年間でDEUGを取得できそうもないとすぐに分かる者にとっても、1学期間はあまりに長すぎるという事実によって、この変更を正当化している。モンペリエ第3大学の評価報告書（33頁）は、「10～15％の学生だけ」が利益を享受していると言及している。用いられた教育方法が何であれ、技術バカロレア出身の学生は、通常、DEUG合格を可能にする真のレベルアップを達成できないことは明らかである。……（中略）……導入された政策が明確な手段と継続性を欠いているので、大学人は最初の熱意を失い、一部は戦意喪失している。リモージュ大学の評価報告書（46頁）は、この点について以下のように指摘している。
　「このような指導スタッフの強化は、教育時間、新しい第1期課程の活動開始のために獲得されたポストの新設において高く付くが、教育負担に応じての増大はきわめて部分的（にカバーする）にすぎない。おそらく、それによってもう少し多くの学生が「我慢する」ことができるようになるが、この現象の大きさは明確でない。いずれにせよ、対価を払うことを受け入れなければならない」。
　その限界にもかかわらず、刷新政策は効果的に継続されるのに十分に肯定的な効果を示した。しかしながら、第1期課程の生産性を改善し、この先数年でリサンス取得者数を倍増させたいのであれば、DEUGで認定される課程の改善によって補完される必要がある。

　くに減少したことが報告されている。CNE, *L'Universite de Pau et des pays de l'Adour, rapport d'evaluation*, Paris, 1986, pp.30-31.

このように、『大衆的高等教育』での実践紹介においては、必ずしも良い例を示すだけでなく、上手くいかない例も示している点に特徴があるといえる。これは、「05年報告書」における大学間連携に関する記述において、グルノーブルの成功事例と対照する形でモンペリエでの大学間連携の不十分さを示している点についても同じことがいえる。一般に失敗から学ぶことは多く、自らの失敗を適切に反省しておくこと、あるいは他者の失敗を参考に自らを戒めておくことで、同種の失敗を回避できる可能性が高まる。また、政策評価の分野においては、プラス面を強調するよりも「問題（マイナス）の程度を報告したほうが、問題そのものをより直視するようになる」こと、重要な問題であるほどマイナス面を指標とすべきであることも指摘されている[244]。改善を促すためにはマイナスの評価もたいへん重要なものとなるのである。CNEは、恣意的に良い点だけを提示するのではなく、機能不全についてもいわば公正に示している。これはCNEが独立行政機関であり、中立的な立場に位置していることによって可能になっているものと思われる。

第3節　フランスの大学評価における実践紹介の位置づけ

　先にも述べたように、上に示した実践例の多くは個別大学評価報告書に記載されているものである。しかし、それが全体報告書やテーマ別報告書に再録されることには意味がある。改革の必要性を感じ、それを模索する大学や大学人であれば、改革のアイディアを先進的な事例の中に求めようとすることも多いであろう。そのまま同じことを実行するのではなく、そこに改革のヒントを求め、自らの置かれた環境に適した形にアレンジして実施しようとするであろう。ただ、特に注目を集めている場合を除いては、どこでどのような実践が行われているのかを探すのは容易ではない。個人的な伝手を除けば、個別大学の評価報告書は有力な手がかりとなるが、そ

244）ハリー・P・ハトリー『政策評価入門』（東洋経済新報社、2004年）77頁。

第3節　フランスの大学評価における実践紹介の位置づけ

れらを逐一読破していくのは効率的とはいえない。それが全体報告書の主要テーマとして取り上げられたり、テーマ別報告書の主題として扱われていることにより、発見が格段に容易になると考えられる。

　このことは、実践の共有化を通して高等教育全体の質の向上へと繋がる可能性を秘めている。先進的事例を目に付きやすい所で紹介することにより、それが他大学の目にとまる可能性が高まる。かくして他大学がそれを模して、あるいはそこから着想を得て改善を行うことで、その大学の質が向上する。そのような大学が多ければ多いほど、高等教育全体の質が向上することになる。CNEはそのような水路を作ることで、高等教育改革の条件整備を行っているといえる。

　このような流れを想定することに対しては、あまりに予定調和的であるという批判が当然ながら予想される。確かに、実際には話はそれほど単純ではなく、各部分でしかるべき工夫がなされなければ上手く機能しないであろう。ただ、個別大学の良い実践の共有化という発想は、これまでの大学評価論においてきわめて弱かったのではないだろうか。多くの国で、大学評価によって大学間競争が促進されることが期待されている。その目指すところは、本音の部分ではともかく、少なくとも建前においては、排除よりも全体レベルの向上の方にあるはずである。また、特に近年、国際化の進展によって質保証に力点が置かれるようになってきているが、これはまさに改善を前提とするものである。

　評価によって導き出された知見の普及は、フランスではこれとは別の次元でも起こっているとされる。実際に個別大学の評価を行う専門委員による普及効果である。CNEの専門委員の約8割は大学人である。これらの者は専門委員としては他大学の評価を行うが、所属する大学は他の専門委員に評価を受けることになる。また、専門委員に任命される者は本属大学において主要ポストにあるか、影響力のある重要人物であることが多い。そのような者が専門委員として評価を行う側の経験と本務校における評価を受ける側の経験とを活かすことによって、各大学で大学改善が推進される

第 7 章　CNE による個別大学の実践紹介

という効果にも期待が寄せられている[245]。

---

245) Laurent Schwartz, *op.cit.*, 1999, pp.79-80.

終章
大学改善に資する大学評価
―― フランス的特質とその課題 ――

第1節 フランスの大学評価の特質

1. 受容される評価

　以上に見てきたように、フランスの高等教育、とりわけ大学部門においてはさまざまな機能不全ともいえる問題状況が生じていた。大学が教育・研究の領域で果たす役割の重要性から考えると、それは単に高等教育内の問題に留まらず、フランス社会全体に悪影響を及ぼすものとして認識された。そのような大学の機能不全を解決する1つの手段として大学評価が導入され、CNEが設置された。すなわち、外部から力を加えることによる大学の改善が目指されたのである。
　CNEによる大学評価は、システム内に内部評価の要素を含んではいるが、基本的性格は外部評価である。しかしながら、その方法論や実施過程においては、権限を振りかざした一方的な威嚇的・高圧的な評価を行うのではなく、評価者と被評価者の間に一定の合意を形成することを重視し、各大学の自発性を尊重している。評価の結果は命令としてではなく、強制力を伴わない勧告として大学に発せられ、自主的な改善を促す形を取っている。すなわち、外から自発性を喚起しているのである。また、評価の目

終章　大学改善に資する大学評価

的は大学間を比較したり格付けしたりすることにあるのではなく、困難に陥っている大学を排除することでもない。大学に今置かれている現状を的確かつ客観的に認識させ、その自覚によって自発的な行動が起こり、各大学が改善され、フランスの高等教育全体が向上することを目指しているのである[246]。そして、大学評価やその一環としてなされる勧告は、大学改善のための支援として行われている[247]。

この他にも、CNE の評価は直接的に予算配分と結び付くものではないこと、CNE は大学からも高等教育担当省からも独立した機関であり一定の自由度を有する立場にあること、実際の評価を行う専門委員の多くが大学人であり実質的にピア・レビューとなっていること、といった特徴を有している。これらの特徴により、CNE の評価に対する大学人の猜疑心が軽減され、それが受け入れやすいものとなっている[248]。

本間政雄によれば、同氏が実施した訪仏調査において、CNE 事務局長（当時）のアンドレ・スタロポリは、CNE による大学評価および CNE と大学との関係について以下のように語ったという[249]。

「CNE による評価の目的が、あくまで被評価機関の自己改革をバック・アップすることにあり、CNE の評価とこれに基づく勧告を尊重することが、結局は、大学の自治を強化することにつながるということが、関係者に十分理解されるようになっており、CNE は 13 年にわたる実績をもとに広い信頼と権威を獲得した。」

これは、CNE の努力によって評価の趣旨が大学から理解され、それが受

---

246) 岡山茂、前掲書（2005 年）、98 頁、手塚武彦、前掲書、98 頁。
247) Laurent Schwartz, *op.cit.*, 1994, p.100, Laurent Schwartz, , *op.cit.*, 1999, pp.79-80.
248) Laurent Schwartz, *op.cit.*, 1999, pp.79-80, 石村雅雄「フランスの大学」有本章・羽田貴史・山野井敦徳編『高等教育概論』（ミネルヴァ書房、2005 年）190 頁。
249) 本間政雄、前掲書（「フランスにおける大学評価の新展開」）、47 頁。

容されていること、また、評価を通して大学に働きかけた結果が蓄積され、大学に意識面でも変化を起こしたことを示すものといえよう。

　CNE に関しては、高等教育担当省や各大学に対する影響力は弱く、そのおかげで存続できたのだとする否定的な見方も存在している[250]。しかし、CNE の影響力は全国的高等教育政策に関しても、個別大学の改革に対しても決して小さくないこと、このような否定的な見方は CNE の活動に対する不十分な考察から来るものであることは本文中に示したとおりである[251]。もしそのように見えるのであるとすれば、むしろ CNE が継続的な活動が可能になるように、地味な活動を上手く行ったということではないだろうか。評価が改善に行き着くには時間が必要であり、何よりもまずそれが受け入れられることが第一の条件であり、不必要に反発を招かないことが前提条件となるのである。CNE はそれを自覚していたと思われる。大学の自発性を尊重すること、支援的評価を行うこと、独立的な立場を維持すること、これらによって、大学評価が改善に行き着くための第一関門である評価の受容性の問題を突破しているのである。

2．個別大学の改善を促す評価
──「対話の精神」と「証明の論理」──

　CNE の第一の任務は個別大学の評価であり、その一環として各大学の改善に資するために勧告がなされることになっている。個別大学評価に関し

---

250) Christine Musselin, *op.cit.*, pp.107-108, 180-181, Michel Leduc, "L'évaluation par le Comité national d'évaluation: l'expérience de l'Université du Havre", OCDE ed., *Evaluation et processus de décision dans l'enseignement supérieur: expériences en Allemagne, Espagne et France*, Paris, 1994, pp.65-66、大場淳、前掲書（2006 年）、29 頁。

251) CNE の影響力は弱いとする Musselin の主張（前掲書）はその根拠が明確に示されておらず、CNE 報告書からの成果が乏しいとする Leduc の主張も同氏が学長を務める大学（当時）に関するもので一般論ではない。また、Leduc の前掲論文については、1997 年 2 月に実施した CNE への訪問調査において、「現実には大学間格差がある中で評価が行われていることに対する不満が背景にあり、CNE に対する厳しい論調が一部含まれているのではないか」という指摘もなされた。

終章　大学改善に資する大学評価

てのCNEの仕事は、原則として各大学の評価報告書においてその改善に資するための勧告を行うところまでであり、勧告を受けてどう対処するかは大学次第である。CNEは評価の活用を推奨してはいるが、強制力を伴うものではない。CNEの役割はあくまでも改善の契機を作り出すことであり、実際にどのような改善を行うか（あるいは行わないか）は各大学に任されている。したがって、可能性としては勧告の完全無視も起こり得ることになる。しかしながら、本書で紹介したいくつかの事例に見られるように、CNEの勧告は、意図的にあるいは事情により実行されなかったものもあるが、実行に移されたものも多く、大学評価が各大学の改善に少なくとも一定程度いかされている。また、CNEの大学評価は、契約政策の締結においても直接的あるいは間接的に考慮されており、この点からも大学改善に間接的に影響を与えていることが分かる。

　しかしながら、CNEによる大学評価はその間隔が長すぎるため、勧告が「忘れ去られる」ことも少なくない。大学が意図的に勧告を実施しないことは尊重すべきであるが、そうでないにもかかわらず、自然消滅的に勧告がうやむやになることは避けたいところである。そのため、勧告実施の監視とならない範囲で、何らかのフォローアップが必要とされる。かくして、忘れることなくCNEの評価・勧告をより有効に改善に繋げるために、個別大学評価の2年後に追跡調査が実施されることになった。そこでは、各大学が評価・勧告を受けての大学改善の進捗状況を自ら示し、それをもとにCNEと大学が協議を行った上で報告書を刊行している。それは、大学の改善状況を確認し、さらには促進すると同時に、対外的にはその説明責任を果たすという機能も有している。

　このような仕組みの中には、フランスの大学評価に独特ともいえる思考様式が見出される。フランスの大学評価においては、評価は「継続的な対話」[252]であるという大原則がある。それは直接の面談を通して行われたり、資料・文書等の交換によって行われたりする。この「対話」という方法に

---

252) CNE, *op.cit.*, 1995（*Evolution des universités, dynamique de l'évaluation*）, p.7.

第1節　フランスの大学評価の特質

より、大学は評価者である CNE に自らの状況や意向を十分に説明し、CNE は被評価者である大学の意向を十分に理解して評価を行うことで、勧告がいたずらに大学に混乱を引き起こしたり、大学がそれを無視することを回避している。それは、評価者と被評価者との攻防という状況を避け、両者が協力して大学を改善するための方策となっている。

追跡調査の実施過程においても「対話の精神」が基本となっており、複数回の直接的対話や資料・文書の交換を通してその報告書が作成される。ここでは、大学が自らの手で評価後の改善の進捗状況を示すことが重視されている。すなわち、「対話の精神」に「証明の論理」を加えることにより大学にいっそうの主体性を持たせ、自発的な行動を促進することによって、評価をより有効かつ確実な改善の道具にしようとしているのである。個別大学評価においても最初の段階で行われる内部評価が同じような機能を果たしているが、追跡調査においては大学による「証明」が説明責任的要素としていっそう強調されている。

このように、フランスの大学評価においては、その基礎となる考え方が明確化されており、活動の中心部分に実務的な作業の域を超えた意味付けがなされている点に大きな特徴があるといえる。これにより、大学評価が無機質な一連の作業群ではなく、大学改善という一貫した志向性を持った営みとして、評価者にも被評価者にも共通理解されることにつながっていく。かくして、個別大学評価においては、自発的な改善の促進と改善の実効性が期されているのである。

3. 全国政策への提言

CNE は大学を評価する一方で、そこから得られた知見をもとに高等教育政策に対する提言も行っている。CNE が刊行する全体報告書、とりわけ4年ごとに「高等教育の状況に関する総括を行う」報告書において、フランス高等教育の重要課題をいくつか取り上げ、その問題の解決に向けた勧告を、主として大学ならびに行政当局に対して行っている。このような提言は、本書の前半において第1期課程を中心に考察した際に示したように、

実行に移されているものもあり、あるいは、直接的には他の団体が提起したものが政策として採用されたとしても、その内容はすでにCNEが提言していたことであったりする場合も多い。

このように、CNEは、大学評価を通して個別大学に対して改善に向けての働きかけを行うと同時に、それに基づく全国レベルの高等教育政策提言を行うことによってフランスの高等教育全体への働きかけも行っているのである。実際の政策自体については、その有効性については必ずしも満足の行くものばかりでないとはいえ、CNEはフランスの高等教育政策に対して一定の影響力を有しているといえる。

4．実践の共有化

全体報告書とも大きく関係するが、CNEの活動の特徴の1つとして、実践の共有化を目指していることがあげられる。具体的にはCNEは、全体報告書やテーマ別報告書において、特定の問題に関する個別大学の先進的な取組（時として上手くいかなかった事例）の紹介を行っている。全体報告書は、それ自体が個別評価の集大成であり、さまざまな大学における実践知から政策提言がなされているものではあるが、場合によっては特定の大学を取り上げて、その実践を詳細に記述している。取り上げられる実践は、基本的に個別大学評価報告書で触れられているものであるが、全体報告書に再掲されることで露出度は大幅に高まり、それが普及したり参照されたりする可能性は高まることになる。特定のテーマに関心の高い人が読むと想定されるテーマ別報告書も同じことがいえる。

取り上げられる実践例の多くは、高等教育界全体で取り組むべきことの参考例であるから、全体的な情勢の中で、共通性の高い課題について個別にどう取り組むかを示すものである。こうして大学から大学へと改善が波及することになれば、全体的な標準が高まることになって各大学で一定のレベルが確保されることになる。実践を共有化することで、個別大学の改善、さらには全体レベルの向上へと繋がる可能性を秘めている。実践がデータベース化されると、よりいっそうその効果は高まるであろう。

5. 個と全体の相乗効果

上に述べてきた通り、フランスの大学評価においてその中心的存在であるCNEは、まず第一に評価が受容されることを目指した。その上で、個別大学評価の実施に際して「対話の精神」を基本原理として、大学の自発性を促す「証明の論理」を加味することで、個（各大学）を動かし、全体報告書における政策提言によって全体（国の高等教育政策）を動かし、「実践の共有化」を図ることで両者の相乗効果を生み出すことにより、大学改善を期するシステムが構築されている（図8）。

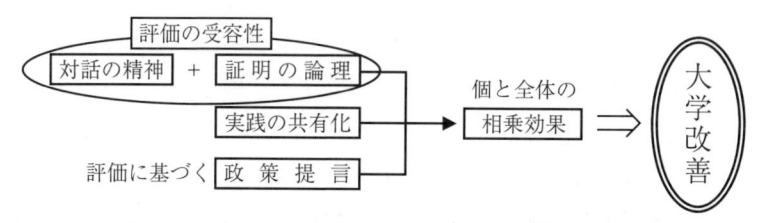

図8．フランスの大学評価にみる評価＝改善理論の概念図

高等教育政策という観点から見ると、全国政策を定めて、それに沿った教育・研究活動や管理運営を個別大学に行わせるという一方通行が基本的な形である。しかし、個別大学の自発的な改善を促進する工夫や、先進的な実践の普及を試みることは、個別大学の取組が全国の大学へと広がっていく動き、すなわちノウハウや改善知の蓄積とその共有化を通して、個別大学から全国へという逆方向のベクトルを有するものである。ここでは、「個性化（工夫）によるレベルアップ→改善の普遍化→全体のレベルアップ→個性化によるレベルアップ」というサイクルが生じることになり、競争はむしろ「良いアイディアを出す競争」へと変換される。かくして大学および大学評価をめぐる議論は、問題のある大学をどうするかという観点から、良い実践を競い合うことへと移行し、下向きの議論から上向きの議論へと変わることになる。これは、自律的な教育・研究機関である大学が、本来、条理法的に進むべき道筋であろう。フランスの大学評価では、この点について意識的ではないが、CNEの20年にわたる実績によって、それ

が実現する土壌はできていると考えられる。

第2節 フランスの事例にみる大学評価の課題

　フランスにおいては、大学改善を促進する道具として、CNEによる大学評価が外部評価という形で導入された。それは、評価の受容性の追究を基礎として、「対話の精神」と「証明の論理」による個別大学の改善、政策提言による全体の改善、「実践の共有化」によるこれらの相乗効果の高まりを期したシステムになっている。フランスの大学評価には、このような評価から改善への道筋が見出されるのである。CNEの活動の質が高いとする評価は、このダイナミックな評価＝改善システムが構築されていることに由来していると捉えられる。

　ただし、このシステムは、それを構成する各部分においては実際の場面で生じうる機能不全が少なからず存在していることも事実である。実際にこのシステムが期待される効力を発揮するには、技術的な部分も含めて、各パーツにおいて正常な機能を促進するための対策が必要となる。

　この点を踏まえながら、最後に、フランスにおけるCNEの活動事例から、大学評価の課題を考えてみたい。もっとも、大学評価の課題はすでに数多く指摘されている。またCNEもすでに改組されていることから、以下、本書におけるフランスの事例分析から導き出される事柄を中心に、課題を整理したい。

1. 全国政策の策定に関する課題

　全国レベルの政策に関しては、一般論として問題状況を的確に把握して、有効な対策を取ることが基本になる。フランスの高等教育政策に関しては、個別大学の評価から共通性の高い問題を抽出して問題状況を把握し、それに分析・考察を加え、先進的な事例も参照しながら改善の方向性を示していくという方法が存在している。本書中で示したように、これはCNEが果たしてきた役割である。全国政策を個々の大学に適用する際にいくらか

の不都合が生じる場合もあるが、これは個別大学の問題として扱うこととする。

　全国政策の策定に関する最大の課題は、高等教育を担当する行政機関の姿勢である。CNEが上述のような役割を果たすとしても、それはあくまでも政策提言を行うに留まるものである。最終的に政策を策定して実施するのは、CNEではなく高等教育担当省である。政策提言をどのように取捨選択するかは結局は行政当局側の判断が大きい。フランスの高等教育に関しては、高等教育担当省とCNEの意思疎通が必ずしも十分でなく、さまざまな制約があるとはいえ、CNEによるものに限らず体系的な政策提言の一部だけが実行されることも多い。CNEの活動の成果が不十分だとする根拠の1つは、ここにあるように思われる。近年においては、フランスに限らず行政機関や経済界は、政策理念の崇高性よりも拙速な成果を求める傾向にある。後述する費用対効果の問題についてもそうである。これらの圧力に対抗するのに理論武装が必ずしも十分ではなかったのか、それ以上に成果主義の力が強かったのかは判断が難しいが、CNEが生み出した知見を十分に活用しきれていないと言えよう。

　確かに、CNEの提言が絶対的に正しいという保証もなければ、それが最適の政策案であるという保証もない。しかしながら、広範かつ継続的な評価活動によって蓄積された知見を活かさない手はないはずである。この点に関しては、契約政策を通して両者の一定の歩み寄りがなされており、CNEが高等教育担当省の全学契約にかかわる部署と定期的に接触して情報の交換を行うようになった。また、個別大学の評価報告書の中に高等教育担当省に対する勧告が含まれている場合には、親書を送ってコミュニケーションを図るなどの工夫も行っている[253]。このような努力は、第5章でもみたように、CNEによる評価結果・勧告と大学＝省間の契約内容との一致の多さに繋がっていると考えられる。しかしながら、この関係性は非公式のもので、組織化ないしは制度化されておらず、きわめて脆弱なものである。

---

253) CNE, *op.cit.*, 2003（*Repères pour l'évaluation*), pp.71-72.

より完成度の高い高等教育政策を策定するために、行政・大学・評価機関が、それぞれの独立性を保ちながら知見を持ち寄るような、何らかの組織的な研究協議体制を構築することを考える必要があるのではないかと思う[254]。

2．実践の共有化に関する課題

実践の共有化をめぐる第1の課題は、共有しやすい体制づくりである。CNEの全体報告書やテーマ別報告書で先進的・特徴的な実践例が紹介されていることで、それが目に付きやすくなるとはいっても、個別大学評価報告書に収録されているよりは相対的に容易であるという意味である。また、全体報告書にせよテーマ別報告書にせよ、高等教育に関係するすべての領域を取り上げているのではなく、したがって取り上げられない領域の実践も当然ながら存在する。実践知をより効率的に共有するためには、たとえば、実践のデータベース化や、インターネット（CNEホームページ等）を活用した紹介など、アクセスにおける利便性をいっそう向上させる工夫が必要となると考えられる。

共有化に関する第2の課題は、実践例の各大学へのアレンジ方法に関する研究・実践の蓄積である。ある大学で上手くいっている実践例が、そのまま他の大学でも成功するとは限らない。また、各大学が置かれている環境には相違があり、特定の資源を有しているから可能になった実践例も少なくない。実践例がいくら先進的であっても、あるいは先進的であればあるほど、それをそのまま移植したのでは上手く機能しない可能性が高くなる。やはりそこには自らの大学に適合するように、一定の調整が必要になる。その方法に対するノウハウは十分確立されておらず、その場その場で

---

254) 別の課題としては、高等教育政策における個別大学に対する自由度の問題があげられる。一般論でいうと、政策に自由度が少なすぎると創意工夫を阻害することになり、次の段階へのレベルアップのためのアイディアが出にくくなる。逆に、自由度が高すぎると政策の意図が失われる危険性がある。これをどのように設定するのか、政策の技術的な問題ではあるが、課題の1つになろう。

なされているのが実状であろう。これらに関する体系的な研究・実践の蓄積を行うことで、実践例の活用が、より効果的に行われることを追究する必要があろう。

3. 個別大学の評価および改善をめぐる課題
(1) フランスにおける課題
　CNEによる個別大学評価にもやはり課題は存在する。本書において取り上げた事例においては、CNEによって勧告されたことの多くは実行されているとはいえ、改善できない事柄や困難な事柄も存在している。大学が意図あって勧告を実行しないことについてはその意向を尊重すべきであるが、勧告の実行を希望しつつもそれができない場合、とりわけその理由が外的要因に大きく影響される場合には、解決のために何らかの制度的支援が必要となる。ここに第1の課題がある。現在ではそのような措置が十分でないため、各大学が着手し易いところからCNEの勧告を実行し、実施困難なものは先送りされて結果的に「忘れ去られる」ことに繋がっている可能性が高い。

　勧告が「忘れ去られる」という問題に対して、CNEは追跡調査によって一定の改善を図ろうとしている。しかし、この追跡調査の中に第2の課題が存在している。追跡調査が本格的に実施されると大学に対する圧力になる可能性も否定できない。また、CNEもできるだけ大学の負担とならないように実施するとはしてはいるが、それでも一定程度の時間的負担、心理的負担は避けられない。大学の受け取り方、CNEによる実際の進め方、あるいは両者の相互作用よっては、「対話の精神」を基礎として大学とCNEの間に築かれたバランスが崩れる危険性もあり、これらの点に十分に配慮して今後の方法論を検討していく必要があろう。

　第3の課題は評価の寛大さの問題である。第5章でも示したが、「CNEは、その評価があまりに寛大すぎるということで、しばしば非難されている」。しかしながら、一方ではこの寛大さがCNEおよびその評価が大学に

受け入れられている理由でもある[255]。評価は、被評価者に受け入れられずして改善には結び付かない。かといって、いつまでも甘い評価が続いては、やはり改善への刺激ないしは動機付けとして不十分になる。第2回目の個別大学評価が進行し、一部に第3回目が開始されている中で、評価者と被評価者が大学改善に資するという目標を共有しながら、どこまで批判的検討ができるか、厳しい評価を受け入れることができるかが問われることになる。

　第4の課題は、今後生じるかもしれない費用対効果の要請の問題である。CNEによる現行の評価方式は、費用対効果について厳格な計算を行うものとはなっていない。フランスにおける大学評価の導入は大学の非効率性に対する批判から始まったが、この批判自体が必ずしも費用対効果を厳格に計算してなされたものではなかった。また、本書で示してきたように、CNEによる評価はシステムの評価であり、必要以上に数字に振り回されないという特徴を有するものである。そのことにより、本末転倒の形式的な改革が行われる危険性が低下し、本質的な改善につながる可能性を有している。したがって、被評価者を納得させやすく、協力を得やすいものとなっている。しかし、大学界・教育界の中で話が完結していれば問題はないが、大学・教育も社会制度の1つである。世界的な公財政支出抑制の流れの中で評価方式の変更を迫られる可能性は否定できない。実際に、2001年に制定された「予算組織法（Loi organique relative aux lois de finances）」が2006年より全面施行されるなど、フランスでも予算配分において事前評価から事後評価へと重点が移りつつあるという指摘もある[256]。今後の社会的・政治的情勢によっては、どう対応するのか難しい選択を迫られることになるかもしれない。

255）Laurent Schwartz, *op.cit.*, 1994, pp.100-101.
256）大場淳、前掲書（2006年）、29頁。

(2) 共通する課題

　フランスの大学評価の課題の中には、他国においても共通するものもある。その1つは評価者選定の問題であり、CNEによる評価の経験から、どのような者が評価者になるかによって評価結果が大きく変わってしまう可能性が指摘されている。たとえば大学・教育界に関係の薄い経済界の関係者が評価者となった際には、大学の実状を理解できずに、教育関係者であれば当然着目したであろう重要な取組を見落としてしまう危険性がある。逆に、他大学で管理運営に携わっている大学人が評価者になった際には、自校でも直面している同種の問題に対して非常に同情的になり、評価が甘くなってしまう可能性がある[257]。評価者を誰にするかという問題は、フランスの大学評価のシステム上の問題から生じるものではなく、あらゆる評価において共通する課題といえる。

　次に、適確な大学評価を行い、それに基づいて個別大学が改善に向けて努力したとしても、解決し得ない問題もあるという課題がある。本書においてもいくつか取り上げたが、より一般的には、たとえば学生数の増大、学生の質の低下といった抗しがたい大きな問題に対応して教育環境を改善しようとする場合、多かれ少なかれ人的・物的条件の整備が必要となる。これに予算の必要性が伴うことはいうまでもないし、それを欠いたまま大学の努力を求めるにしても限界があることは明らかである。しかしながら、ただ単に予算の増額を主張することは簡単であるが、昨今の公財政事情から考えるとその実現が厳しいのが現実である。

　少なくとも、大学が努力をしていること、それには限界があることを強くアピールし、不当な大学バッシングを回避するシステムや社会的なルール作りに向けての工夫が講じられなければならない。本質的な解決にはならないかもしれないが、不適切な批判により大学の改善への意思が挫かれるような事態は何としても避けなければならない。というのも、そのような意思が改善への最も基本的な前提条件となるからである。CNEは折に触

---

[257] Michel Leduc, *op.cit.*, pp.62-63.

終章　大学改善に資する大学評価

れて大学の努力を評価し、大学を擁護する主張を行っている[258]。この点において、CNE は大学の代弁者の役割を果たしているのである。評価による改善を目指す上で、間接的ではあるかもしれないが重要な要素であり、大いに参考になるのではないだろうか。

　さらに、大学評価と大学改善の関係性に関する別の課題もある。この点について本書では、フランスの大学評価が個別大学の改善にいかに影響を与えているかを、機関同士の関係（評価機関対大学）という視点で分析を行った。それにより、改善における評価の有効性、両機関の関係性およびそれを良好に保つための方法等について明らかにすることができた。しかし、本書第3章でも指摘したように評価と改善の間にはいくつかの段階があり、各大学の改善の成否は最終的には学内におけるその実施過程が首尾良く進行するか否かが重要になる。CNE も「追跡調査を進める中で大学内で利害集団に遭遇する」[259]と指摘するように、学内の利害関係が改善成功の重要な鍵となることも多い。CNE と大学の執行部との関係が良好な場合でも、機関内の葛藤が改善の障壁となることも十分に考えられる。そのため、大学評価と大学改善との関係性をより詳細に明らかにするためには、「評価機関対大学」という図式に加えて、大学内での「執行部対一般教職員」あるいは「学内集団対学内集団」等の図式についても検討していかなければばらならない。

　この問題もフランスに特有のものではなく、他国のシステムを分析する場合にも共通して存在するものである。たとえば羽田貴史は、近年の日本の大学評価について「『評価活動』と『評価に基づく改善』との間には、評価における『死の谷』とでもいうべきギャップ」があり、評価による改善が進みつつある大学もあるものの「なお評価から改善への道筋は明確では

---

258) たとえば、CNE, *op.cit.*, 2005（*Nouveaux Espaces pour l'université*), pp.68-72 においては、社会が大学に対して抱くイメージには不公正な部分があることが主張されている。

259) *Ibid.*, p.10.

ない」[260]と指摘している。この学内における評価から改善へのプロセスの問題を検討する際には、いくつかの関連する事柄を考慮しておかなければならない。先行研究において指摘されている事柄をもとに、以下にそれらを整理しておく。

まず第1に人間の性格の問題、とりわけ評価を受ける側の性格的な問題がある。これは、「どのような変化でも不快に感じる人々は、長い目でみれば本質的には自分たちの利益となるはずの自己点検・評価作業にも反対するであろうし、それを提案した人々に対して反感をもつであろう」[261]というもので、制度的対応では容易に解決できない問題である。しかし、実際に改善を進めるにあたっては、このような点も視野に入れておかなければならない。

第2に改善に対する問題意識である。大学自身が改善したい部分に対して強く問題意識をもち、それに即した評価を行わなければ、評価と改善とは結び付かないという指摘がある[262]。すでに問題状況に対する強い認識が存在する場合には、そうでない場合と比べて、準備、実施、結果を受けての対策といった評価の全過程において、評価者側も被評価者側も対応が異なってくると考えられる。しかし、このような強い問題意識の有無が評価と改善との結び付きに与える影響度については、実証的分析がなされておらず、この点を明らかにする必要がある。CNEによる第2回以降の個別大学評価は各大学ごとに課題を絞って実施することになっているので、何らかの手がかりとなるかもしれない。

第3に評価に割かれる労力・時間の問題である。「研究者のもっている時間、能力の資源は有限」であり、「評価に費やす努力と時間が増えれば、本来の研究教育活動に当てられる時間は減る」ことになる。過剰な評価活動

---

260) 羽田貴史「大学評価、神話と現実」大学基準協会『大学評価研究』第5号（2006年）7頁。
261) H. R. ケルズ、前掲書、34頁。
262) 「座談会 大学評価――何のための大学評価か――」民主教育協会『IDE 現代の高等教育』No.401（1998年）13頁、大崎仁の発言より。

終章　大学改善に資する大学評価

によって「大学の本来の活動である教育研究に負の影響がでることは本来の趣旨に反する」[263]ものである。また、「研究の最先端でわずかな時間も惜しんで知的な競争を繰り広げている人々に対して、あなた方がいま行っていることを誰にでもわかるように説明することに時間を割けということは、膨大な人的資源の無駄かもしれない」[264]し、大学の社会的貢献の観点からもマイナスである。評価に充てられた時間や能力のために減少した教育・研究の成果と、評価の結果なされた改善の結果として増大した教育・研究の成果とを比べて、プラスになるような評価でなければならない。そのため、大学およびそのスタッフの能力との関係で、適正な評価の方法や規模を考えていかなければならない。

本書では、フランスにおける大学評価を題材に、評価から改善への道筋をマクロ的な視点を中心に考察してきた。その点では一定の方向性を示すことができたと考えるが、以上に示したような学内における具体的な改善の進め方に関する部分まで踏み込んで、評価から改善へのより確実な道筋をミクロな視点から探究することが、本研究に残された最大の課題といえよう。これに関しては、本書で示したCNEの活動にみる評価の論理構造、すなわち上掲の「フランスの大学評価にみる評価＝改善理論の概念図」で図示したものと同じ構造でのアプローチが、機関内の個（所属する個人）と全体（組織体としての大学）についても適用可能なのではないかと考える。組織マネジメント理論等の研究成果[265]も視野に入れながら、この点を今後の研究において追究していきたい。

---

[263] 橋本治「理学系研究評価」民主教育協会『IDE 現代の高等教育』No.442（2002年）37頁。
[264] 米澤彰純、前掲書（2005年）、135頁。
[265] たとえば、コッター, J.P.『リーダーシップ論』（ダイヤモンド社、1999年）、クルト・レヴィン『社会科学における場の理論』（誠信書房、1956年）、山岡徹「組織変革マネジメントの再考―環境適応志向の組織変革マネジメントへの問題提起―」『横浜国際社会科学研究』第11巻第1号（2006年）などがあげられる。

あとがき

　本書は、独立行政法人日本学術振興会平成23年度科学研究費補助金（研究成果公開促進費：課題番号235246）の交付を受けて刊行したものであり、学位取得論文「フランスにおける全国大学評価委員会（CNE）による大学評価に関する研究 ── 大学改善の促進の観点から ── 」（2007年10月提出）に、審査の過程で指摘された事柄等について若干の加筆・修正を行ったものである。時に厳しく、時に温かく御質問・御指摘・御意見をいただいた審査委員の先生方に、心より感謝申し上げたい。

　本書は、独自の発展を遂げたフランスの大学評価システムについて、その中核を担ったCNEの成立から改組までの約20数年間を主たる対象とした。CNEは改組により解消してしまったが、本書が、国内外で大学評価疲れも指摘される中、形式主義に陥らないよう大学評価のあるべき姿を追究する上で一助となれば幸いである。

　本書は私1人の力でできたわけではないので、以下、お世話になった方々への謝辞を述べることにしたい。まず、指導教官であった高木英明先生と白石裕先生には、最初に御礼を申し上げなければならない。思えば、学部1回生の時に教養部で白石先生の授業を受けて教育学部に転部し、さらには同先生に大学院進学を勧めていただいたのがすべての出発点であった。その後も事あるごとに相談にのっていただいた。高木先生には、学部・院生時代にはよく反抗したが、外に出てさまざまな先生方と接してみると、同先生の教えが染みついていることに気づかされた。本書が両先生の期待に十分に沿っているか、たいへん気になるところである。また、京都大学教育学部・教育学研究科の諸先生方・諸先輩方、とりわけ院生時代に時空を共有した先輩方には、わがままな私を温かく受け入れていただき、公私ともにさまざまなアドバイスをいただいた。後輩諸氏からも研究上多くの刺激を受けた。さらに、関西教育行政学会会員の諸先生方からも、叱咤激励を多々いただいた。

日本の高等教育研究のメッカである広島大学・大学教育研究センター（当時）に初職を得られたのは、私にとって非常に大きかったと思う。有本章先生をはじめとする諸先生方や院生諸氏と接する中で得られた知見は本書の基礎をなしているし、職員の方々には同センターを離れた後も資料収集などに御協力いただいた。ここで得られた経験・人脈は私の重要な財産となっている。

　フランスの大学評価研究に取り組む上で、国際比較・フランス研究の科研プロジェクトに参加させていただいたことは重要な経験であった。数期にわたる研究プロジェクトに十分な貢献はできなかったと反省しているが、諸先生方からさまざまな御指導・御鞭撻を賜るとともに、フランスに関するさまざまな情報や知見を得ることができ、たいへん勉強になった。とりわけ小野田正利先生、夏目達也先生、園山大祐先生、上原秀一先生には、幾度となく関連資料や専門的知識を快く御提供いただいた。

　学位論文を最終的に書き上げたのは大阪教育大学時代である。大脇康弘先生を中心とするスクールリーダー・プロジェクト（SLP）に参加させていただき、数多くのことを学んだ。初等・中等教育と高等教育の違いはあるが、そこに研究をまとめる上でのヒントがたくさんあった。また、多忙をきわめるSLPであったが、論文執筆にあたって同先生には多大な御配慮をいただいた。

　この他にも、たいへん多くの方に支えられてここまで辿り着いたのであるが、紙面の関係上、ここですべての方のお名前をあげられないことを心苦しく思っている。お世話になったすべての方々に御礼申し上げる。刊行にあたってさまざまなお世話をいただいた大阪大学出版会の栗原佐智子さんにも感謝したい。

　最後に。2011年9月に夭逝された学兄金子勉氏に本書を捧げる。

2012年2月　服部憲児

初 出 一 覧

序章 「大学評価をめぐる状況とフランスの大学評価」服部憲児研究代表『フランスにおける大学改革に対する大学評価の影響に関する研究』(2006年)、「フランスの高等教育制度」・「フランスの大学における学位・資格」古沢常雄研究代表『フランスの複雑化する教育病理現象の分析と実効性ある対策プログラムに関する調査研究』(2007年)。

第1章 「CNEの設立とその活動」服部憲児研究代表『フランスにおける大学改革に対する大学評価の影響に関する研究』(2006年)。

第2章 「フランスの高等教育の問題状況」服部憲児研究代表『フランスにおける大学改革に対する大学評価の影響に関する研究』(2006年)、「フランスにおける大学第1期課程改革の方向性 ── 職業教育化と教育の適性化に焦点をあてて ── 」関西教育行政学会編『教育行財政研究』第22号(1995年)、「フランスにおける大学の教育課程と職業教育化・教育条件の改善 ── 経済学系第1期課程を中心に ── 」フランス教育課程改革研究会編『フランス教育課程改革』(2001年)。

第3章 「フランスにおける大学第1期課程改革の課題 ── CNE(全国大学評価委員会)の大学評価との関連で ── 」『フランス教育学会紀要』第11号(1999年)。

第4章 「フランスにおける個別大学の改革に対する大学評価の活用に関する研究」関西教育行政学会編『教育行財政研究』第33号(2006年)、「フランスの大学と国との契約における全国大学評価委員会(CNE)の個別大学評価の活用」『大阪教育大学紀要(第Ⅳ部門)』第56巻第1号(2007年)。

第5章 「フランスの大学改革における大学評価の活用 ── ヴェルサイユ大学およびCNE(全国大学評価委員会)に対する訪問調査を中心に ── 」『大阪教育大学紀要(第Ⅳ部門)』第54巻第2号(2006年)。

第6章 「フランスにおける大学評価追跡調査にみる大学改善の新動向」古沢常雄研究代表『フランスの複雑化する教育病理現象の分析と実効性ある対策プログラムに関する調査研究』(2007年)。

第7章 「フランスにおける全国大学評価委員会(CNE)による個別大学の実践紹介」大阪教育大学大学院学校教育専攻教育学コース『教育学研究論集』第5集(2007年)。

結章 (書き下ろし)

参考文献リスト

1．和文献

有本章・羽田貴史・山野井敦徳編『高等教育概論』(ミネルヴァ書房、2005年)。

アレゼール日本編『大学界改造要綱』(藤原書店、2003年)。

石村雅雄「フランスの大学自治における『参加』原理と『教授の独立』―1984年高等教育法の一部規定についての憲法評議会判決を素材として―」『日本教育行政学会年報』12(教育開発研究所、1986年)。

石村雅雄「フランスにおける大学改革の動向―質(qualité)の確保要求と民主化の要求の関係に着目して―」筑波大学大学研究センター編『大学研究』第5号(1989年)。

石村雅雄「フランスの大学設置形態の分析―特徴ある公施設法人(établissement public)の法制度的検討―」『京都大学教育学部紀要』(1989年)。

石村雅雄「フランス全国大学評価委員会の活動について―大学教育への影響を中心に―」『関西教育学会紀要』第18号(1994年)。

石村雅雄「フランス全国大学評価委員会活動下の大学教育改革について」京都大学高等教育教授システム開発センター編『京都大学高等教育研究』創刊号(1995年)。

飯島宗一・戸田修三・西原春夫編『大学設置・評価の研究』(東進堂、1990年)。

上原秀一「フランス」文部科学省編『諸外国の高等教育』(2004年)。

江原武一『大学のアメリカ・モデル』(玉川大学出版部、1994年)。

大場淳「フランスの大学における『学力低下』問題とその対応」『広島大学大学院教育学研究科紀要 第3部(教育人間科学領域)』第52号(2003年)。

大場淳「フランスにおける大学教育の職業化(professionnalisation)とその有効性」『広島大学大学院教育学研究科紀要 第3部(教育人間科学関連領域)』第54号(2005年)。

大場淳「ボローニャ・プロセスにおける質保証の枠組構築とフランスの対応―評価の規準(standards/references)を中心に―」広島大学高等教育研究開発センター編『大学改革における評価制度の研究』(2007年)。

大南正瑛・清水一彦・早田幸政編『大学評価文献選集』(エイデル研究所、2003年)。

小野田正利「現代フランスにおける教育改革の方向と理念」『理想』No. 658 (理想社、1996年)。

ガイ・ニーブ「市場化と大学評価―ヨーロッパ高等教育改革の動向―」『IDE 現代の高等教育』No.447 (2003年)。

喜多村和之『新版 大学評価とは何か―自己点検・評価と基準認定―』(東信堂、1993年)。

喜多村和之『現代の大学・高等教育』(玉川大学出版部、1999年)。

喜多村和之編『高等教育と政策評価』(玉川大学出版部、2000年)。

喜多村和之・関正夫・有本章・金子元久『大学評価の理論的検討』(広島大学大学教育研究センター、1991年)。

木村孟編『大学の質を問う』(エイデル研究所、1997年)。

クルト・レヴィン『社会科学における場の理論』(誠信書房、1956年)。

桑原敏明研究代表『大学評価に関する総合的比較研究』(1997年)。

小林順子編『21世紀を展望するフランス教育改革』(東信堂、1997年)。

佐藤春吉・千賀康利・林昭・細井克彦編『大学評価と大学創造―大学自治論の再構築に向けて―』(東信堂、1998年)。

シリーズ「大学評価を考える」編集委員会編『21世紀の教育・研究と大学評価』(晃洋書房、2005年)。

新堀通也編『大学評価―理論的考察と事例―』(玉川大学出版部、1993年)。

園山大祐「フランスにおける教師教育大学院(IUFM)の問題点と展望」『日本教師教育学会年報』第11号(2002年)。

園山大祐「フランスにおける教師教育大学院（IUFM）の実態分析」『大分大学教育福祉科学部紀要』第24巻第2号（2002年）。

大学評価・学位授与機構編『大学評価・学位研究』第3号（2005年）。

大学評価学会編『現代社会と大学評価』創刊号（晃洋書房、2005年）。

大学評価学会年報編集委員会編『「大学評価」を評価する』（晃洋書房、2005年）。

手塚武彦編『各年史／フランス 戦後教育の展開』（エムティ出版、1991年）。

寺崎昌男『大学の自己変革とオートノミー』（東信堂、1998年）。

日仏教育学会編『日仏教育学会年報』第12号（2006年）。

日本高等教育学会編『高等教育研究』第3集（玉川大学出版部、2000年）。

羽田貴史「大学評価、神話と現実」大学基準協会『大学評価研究』第5号（2006年）。

秦由美子編『新時代を切り拓く大学評価』（東信堂、2005年）。

ハリー・P・ハトリー『政策評価入門』（東洋経済新報社、2004年）。

早田幸政『大学評価システムと自己点検・評価―法制度的視点から―』（エイデル研究所、1997年）。

原田種雄・手塚武彦・吉田正晴・桑原敏明編『現代フランスの教育』（早稲田大学出版部、1988年）。

藤井佐知子「フランスの学校評価」窪田眞二・木岡一明編『学校評価のしくみをどう創るか』（学陽書房、2004年）。

松坂浩史『フランスの高等教育制度の概要―多様な高等教育機関とその課程―』（広島大学大学教育研究センター、1999年）。

民主教育協会『IDE 現代の高等教育―大学評価の新展開―』No.401（1998年）。

民主教育協会『IDE 現代の高等教育―本格化する大学評価―』No.420（2000年）。

民主教育協会『IDE 現代の高等教育―大学評価の新段階―』No.442（2002年）。

民主教育協会『IDE 現代の高等教育―大学の評価と質の保証―』No.464（2004年）。

山岡徹「組織変革マネジメントの再考―環境適応志向の組織変革マネジメントへの問題提起―」『横浜国際社会科学研究』第11巻第1号（2006年）。

山野井敦徳・清水一彦編『大学評価の展開』（東信堂、2004年）。

米澤彰純編『大学評価の動向と課題』（広島大学大学教育研究センター、2000年）。

A. I. フローインスティン『大学評価ハンドブック』（玉川大学出版部、2002年）。

H. R. ケルズ『大学評価の理論と実際―自己点検・評価ハンドブック―』（東信堂、1998年）。

J. P. コッター『リーダーシップ論』（ダイヤモンド社、1999年）。

拙稿「フランスの大学教育をめぐる新たな動向」関西教育行政学会編『教育行財政研究』第21号（1994年）。

拙稿「現代大学における教育のあり方についての試考―フランスの大学教育を素材として―」『関西教育学会紀要』第18号（1994年）。

拙稿「フランスにおける大学第1期課程改革の方向性―職業教育化と教育の適性化に焦点をあてて―」関西教育行政学会編『教育行財政研究』第22号（1995年）。

拙稿「全国大学評価委員会による個別大学評価報告書の分析」桑原敏明研究代表『大学評価に関する総合的比較研究』（1997年）。

拙稿「フランスにおける大学改革―大学教育の改革を中心に―」有本章編『ポスト大衆化段階の大学組織変容に関する比較研究』（1997年）。

拙稿「フランスの大学における教育組織改革」有本章編『ポスト大衆化段階の大学組織改革の国際比較研究』（1999年）。

拙稿「フランスにおける大学第1期課程改革の課題―CNE（全国大学評価委員会）の大学評価との関連で―」『フランス教育学会紀要』第11号（1999年）。

拙稿「フランスの大学における評議会の学外構成員に関する研究」『フランス教育学会紀要』第13号（2001年）。

拙稿「フランスにおける大学の教育課程と職業

教育化・教育条件の改善―経済学系第1期課程を中心に―」フランス教育課程改革研究会編『フランス教育課程改革』(2001年)。

拙稿『フランスの大学における評議会の学外構成員に関する研究』(2003年)。

拙稿「フランスの大学改革における大学評価の活用―ヴェルサイユ大学およびCNE(全国大学評価委員会)に対する訪問調査を中心に―」『大阪教育大学紀要(第Ⅳ部門)』第54巻第2号(2006年)。

拙稿「フランスにおける個別大学の改革に対する大学評価の活用に関する研究」関西教育行政学会編『教育行財政研究』第33号(2006年)。

拙稿「フランスにおける大学改革に対する大学評価の影響に関する研究」(2006年)。

拙稿「フランス大学評価研究入門」『フランス教育学会紀要』第18号(2006年)。

拙稿「フランスにおける大学評価追跡調査にみる大学改善の新動向」古沢常雄研究代表『フランスの複雑化する教育病理現象の分析と実効性ある対策プログラムに関する調査研究』文部科学省科学研究費補助金交付研究 基盤研究(B)(2007年)。

2．欧文献

AERES, *Rapport d'activité 2007*, 2008.

Christine Musselin, *La Longue marche des universités françaises*, PUF, Paris, 2001.

CNE, *L'Université de Louis Pasteur - Strasbourg I, rapport d'évaluation*, Paris, 1986.

CNE, *L'Université de Pau et des pays de l'Adour, rapport d'évaluation*, Paris, 1986.

CNE, *Où va l'université?*, Gallimard, Paris, 1987.

CNE, *L'Université de Angers, rapport d'évaluation*, Paris, 1987.

CNE, *L'Université de Claude Bernard - Lyon I, rapport d'évaluation*, Paris, 1988.

CNE, *L'Université de Limoges, rapport d'évaluation*, Paris, 1987.

CNE, *L'Université de Savoie*, Paris, 1988.

CNE, *Priorités pour université*, La Documentation française, Paris, 1989.

CNE, *L'Université de La Réunion*, Paris, 1989.

CNE, *L'Université Jean Monnet - Saint-Etienne*, Paris, 1989.

CNE, *L'Enseignement supérieur de masse*, Paris, 1990.

CNE, *L'Université de Paris XII - Val de Marne, rapport d'évaluation*, Paris, 1990.

CNE, *L'Université de Avignon et pays de Vaucluse, rapport d'évaluation*, Paris, 1991.

CNE, *L'Université de Reims*, Paris, 1991.

CNE, *L'Université des Antilles et de la Guyane*, Paris, 1991.

CNE, *L'Université J. Fourier - Grenoble I*, Paris, 1991.

CNE, *Universités: les chances de l'ouverture*, La Documentation française, Paris, 1991.

CNE, *L'Université Montpellier I*, Paris, 1992.

CNE, *L'Université de Perpignan*, Paris, 1993.

CNE, *L'Université Pierre Mendès France - Grenoble II*, Paris, 1993.

CNE, *Universités, la recherche des équilibres*, La Documentation française, Paris, 1993.

CNE, *L'Université Stendhal - Grenoble III*, Paris, 1994.

CNE, *Evolution des universités, dynamique de l'évaluation, 1985-1995, rapport au président de la République*, La Documentation française, Paris, 1995.

CNE, *Le Devenir des diplômés des universités*, Paris, 1995.

CNE, *Les Personnels ingénieurs, administratifs, techniciens, ouvriers et de service dans les établissements d'enseignement supérieur*, Paris, 1995.

CNE, *L'Université de Bourgogne: rapport d'évaluation*, Paris, 1995.

CNE, *L'Université de Corse - Pascal Paoli: rapport d'évaluation*, Paris, 1995.

参考文献リスト

CNE, *L'Université de Rennes I: rapport d'évaluation*, Paris, 1995.

CNE, *L'Université Paris I - Panthéon Sorbonne*, Paris, 1995.

CNE, *L'Université Paris IV - Sorbonne: rapport d'évaluation*, Paris, 1995.

CNE, *L'Université Pierre et Marie Curie - Paris VI: rapport d'évaluation*, Paris, 1995.

CNE, *L'Université de Versailles - Saint-Quentin-en-Yvelines: rapport d'évaluation*, Paris, 1996.

CNE, *L'Université Panthéon-Assas - Paris II*, Paris, 1996.

CNE, *Les Missions de l'enseignement supérieur : principes et réalités*, La Documentation française, Paris, 1997.

CNE, *Enseignement supérieur : autonomie, comparaison, harmonisation (rapport 1995-1999)*, La Documentation française, Paris, 1999.

CNE, *L'Université de Bretagne-Sud*, Paris, 1999.

CNE, *Le Sport à l'université : la pratique du sport par les étudiants*, Paris, 1999.

CNE, *L'Université de Reims - Champagne-Ardenne (évaluation seconde)*, Paris, 1999.

CNE, *La Valorisation de la recherche : observations sur le cadre, les structures et les pratiques dans les EPCSCP*, Paris, 1999.

CNE, *Annexe du guide de l'évaluation des universités*, Paris, 2001.

CNE, *Guide de l'évaluation des universités*, Paris, 2001.

CNE, *Les IUFM au tournant de leur première décennie : panorama et perspectives*, Paris, 2001.

CNE, *Evaluation des instituts universitaires de formation des maîtres giude pour l'évaluation interne*, Paris, 2002.

CNE, *Le Site universitaire de Grenoble*, Paris, 2002.

CNE, *L'Université de la Réunion (évaluation seconde)*, Paris, 2002.

CNE, *L'Université de Savoie (évaluation seconde)*, Paris, 2002.

CNE, *L'Université des Antilles et de la Guyane (évaluation seconde)*, Paris, 2002.

CNE, *L'Université Joseph Fourier - Grenoble I (évaluation seconde)*, Paris, 2002.

CNE, *L'Université Pierre Mendès France - Grenoble II et l'IEP (évaluation seconde)*, Paris, 2002.

CNE, *L'Université Stendhal - Grenoble III (évaluation seconde)*, Paris, 2002.

CNE, *Repères pour l'évaluation*, La Documentation française, Paris, 2003.

CNE, *L'Université de Perpignan (évaluation seconde)*, Paris, 2003.

CNE, *L'Université Jean Monnet (évaluation seconde)*, Paris, 2003.

CNE, *L'Université Montpellier I (évaluation seconde)*, Paris, 2003.

CNE, *L'Université Montpellier II et l'Ecole nationale supérieure de chimie de Montpellier (évaluation seconde)*, Paris, 2003.

CNE, *Le Site universitaire de Montpellier en Languedoc-Roussilon*, Paris, 2004.

CNE, "Suivi des évaluations, l'Université de Reims-Champagne-Ardenne", *Bulletin*, no.43, Paris, 2004.

CNE, "Suivi des évaluations, l'Université de Bretagne-Sud", *Bulletin*, no.45, Paris, 2004.

CNE, *Nouveaux Espaces pour l'université: rapport au président de la République 2000-2004*, La Documentation française, Paris, 2005.

CNE, "Suivi des évaluations, l'Université Jean Monnet de Saint-Etienne", *Bulletin*, no.49, Paris, 2005.

CNE, *L'Université de Versailles - Saint-Quentin-en-Yvelines: rapport d'évaluation (évaluation seconde)*, Paris, 2006.

Cour des comptes, *La Gestion du système éducatif*, Les Editions des Jounaux officiels, Paris, 2003.

Edgar Faure, *L'Education national et la participation*, Libraire plon, Paris, 1968.

Erhard Friedberg, Christine Musselin ed., *Le Gouvernement des universités: perspectives comparatives*, L'Harmattan, Paris, 1992.

Françoise Dupont-Marillia, *Institutions scolaires et universitaires*, Gualino éditeur, Paris, 2003.

Groupe de travail présidé par Armand Frémont, *Les Universités françaises en mutation: la politique publique de contractualisation (1984-2002)*, La Documentation françsaise, Paris, 2004.

Jacque Minot, Maurice Connat, Claude Edelbloute, Denis Pallier et Jean-françois Zahn, *Les Université après la loi sur l'enseignement supérieur du 26 janvier 1984*, Berger-Levrant, Paris, 1984.

John Brennan & Tarla Shah, *Managing Quality in Higher Education: An International Perspective on Institutional Assessment and Change*, OECD, SRHE & Open University, Buckingham, 2000.

Laurent Schwartz, *Pour Sauver l'université*, Seuil, Paris, 1983.

Laurent Schwartz, "L'Evaluation", Pierre Merlin & Laurent Schwartz, *Pour la Qualité de l'université* française, Press Universitaires de France, Paris, 1994.

Laurent Schwartz, "Les Changements dans les universités au cours de l'évalution par le Comité national d'évaluation", Groupe de travail présidé par Michel Crozier, *L'Evaluation des performances pédagogiques de établissements universitaires*, La Documentation françsaise, Paris, 1999.

Lee Harvey, "External Quality Monitoring in the Market Place", *Tertiary Education and Management, Vol.3, No.1*, New York, 1997.

Michel Lecointe, "L'Inappréciable université", Emmanuelle Annot, Marie-Françoise Fave-Bonnet et al., *Pratiques, pédagogiques dans l'enseignement supérieur*, L'Harmattan, Paris, 2004.

Minisitère de l'éducation nationale, de l'enseignement supérieur et de la recherche, *Repères et Références Statistique sur les Enseignements et la Formation*, Paris.(各年版)

Ministère de l'éducation nationale, de la recherche et de la technologie, *Université de Bourgogne, contrat quadriennal de développement 1999-2002*, Paris, 1999.

Ministère de la jeunesse, de l'éducation et de la recherche, *Repères & Références Statistiques 2002*, Paris, 2002.

Observatoire universitaire régional de l'insertion professionnelle, *Une Inscription en DEUG et après ?: suivi sur quatre ans des bacheliers 1998 inscrits en DEUG en 1998-99 dans l'une des huit universités de la Région Rhône-Alpes*, Grenoble, 2003.

OECD ed., *Evaluation and the Decision Making Process in Higher Education: French, Germany and Spanish Experiences*, Paris, 1994.

Richhard Lewis, *The Nature and Development of Quality Assurance in Higher Education - what is changing and what is remains the same*, 広島大学高等教育研究開発センター編『21世紀型高等教育システム構築と質的保証―第34回（2006年度）研究員集会の記録―』(2007年)。

Sylvie Lemaire, "Les Bacheliers technologiques dans l'enseignement supérieur", *Éducation et Formations*, no.67, Paris, 2004.

略 号 表

AERES：研究・高等教育評価機構（Agence d'évaluation de la recherche et de l'enseignement supérieur）

AES：経済・社会管理（Administration économique et sociale）

BTS：中級技師資格（Brevet de technicien supérieur）

CEREQ：資格教育研究センター（Centre d'études et de recherches sur les qualifications）

CNE：全国大学評価委員会（Comité national d'évaluation）

CNRS：国立学術研究機構（Centre national de la recherche scientifique）

CPGE：グランゼコール準備級（Classe préparatoire aux grandes écoles）

CROUS：地方大学・学校厚生事業センター（Centre régional des œuvres universitaires et scolaires）

DEA：研究深化免状（Diplôme d'études approfondies）

DESS：高等専門教育免状（Diplôme d'études supérieurs spécialsées）

DEUG：大学一般教育免状（Diplôme d'études universitaires générales）

DEUP：大学職業教育免状（Diplôme d'études universitaires professionnalisées）

DEUST：大学科学・技術教育免状（Diplôme d'études universitaires scientifiques et techniques）

DNTS：専門技術教育国家免状（Diplôme national de technologie spécialsée）

DUT：大学技術教育免状（Diplôme universitaire de technologie）

GESES：高等教育統計研究グループ（Groupe d'études statistiques sur l'enseignement supérieur）

GRECO：グルノーブル・オープンキャンパス（Grenoble campus ouvert）

IEP：政治研究学院（Institut d'études politiques）

INP：国立ポリテク研究学院（Institut national polytechnique）

INSERM：国立健康医学研究所（Institut national de la santé et de la recherche médicale）

IUFM：大学附設教員養成センター（Institut universitaire de formation des maîtres）

IUP：大学附設職業教育センター（Instituts universitaires professionnalisées）

IUT：技術短期大学部（Institut universitaire de technologie）

MASS：社会科学用応用数学（Mathématiques appliquées aux sciences sociales）

OREFRA：ローヌ＝アルプ地域圏雇用＝教育調査局（Observatoire régional emploi-formation Rhône-Alpes）

OURIP：大学附設地域圏就職調査局（Observatoire universitaire régional de l'insertion professionnelle）

SAN：新都市圏組合（Syndicat agglomération nouvelle）※広域行政組合

STS：中級技術者養成課程（Section de techniciens supérieurs）

STT：第3次産業科学技術（Sciences et technologies tertiaires）

TICE：教育用情報コミュニケーション技術（technologie de l'information et de la communication pour l'enseignement）

UFR：教育研究単位（Unités de formation et de recherche）

UO-MLR：モンペリエ・ラングドック＝ルシヨン開放大学（Université ouverte Montpellier Languedoc-Roussillon）

索引

あ

アクレディテーション（基準認定） 3, 29
欧州高等教育圏 20, 83, 94, 96, 98, 115
欧州高等教育質保証ネットワーク 84

か

会計検査院 16, 17, 33, 109, 112, 114
外部評価 1, 3, 10, 11, 29, 41, 42, 114, 159, 166
学長の返答 39, 125, 138, 139
学問分野別評価 34, 37, 146, 147
勧告 11, 13, 17, 19, 30-32, 39, 43-45, 69-71, 74, 76-78, 87-97, 102-107, 111, 113-115, 118, 120, 121, 123-139, 159-163, 167, 169
規準書 84, 116
教育の適性化 67, 68, 154
教育法典 30
競争原理 2, 7-9, 19, 28, 107, 108
共和国大統領 32, 37, 42, 141, 144
グランゼコール 20, 22, 23, 26, 30, 36, 51, 52, 152
継続教育 31, 37, 71, 77, 89, 92, 93, 104, 106
契約政策 88, 98, 99, 106-108, 124, 149, 162, 167
公施設法人 16, 29, 30, 32, 57, 110, 143
高等教育担当省 29, 32, 42-44, 98, 99, 105, 119, 160, 161, 167
高等教育担当大臣 32, 33, 42, 43
＊高等教育法 29-31, 57, 100
国民教育省 23, 84, 96, 103, 114-116, 124
国民教育省令 63, 78
国民教育大臣 30, 78, 98, 141
国民教育・文化大臣 63
個別大学評価報告書 11, 34, 44, 88, 89, 99, 100, 116, 120, 126, 128, 130, 134, 142, 145, 156, 164, 168

さ

支援的評価 42, 112, 161
自己財源 89, 92
自己点検 1, 3, 8, 173
自己評価 3, 12, 74, 77, 81, 84, 99, 109, 112, 115
執行部 97, 114, 117, 125, 138, 172
実践の共有化 157, 164-166, 168
質保証 6, 83, 84, 115, 116, 157
受容性 9, 10, 119, 120, 161, 166
「証明」 125, 139, 163
証明の論理 41, 42, 138, 139, 161, 163, 165, 166
説明責任 4-7, 27, 141, 162, 163
「蒸発」 50, 53, 63
情報提供 64, 65, 67, 70, 71, 78, 80, 132, 136, 150, 151
職業教育化 56-62, 64, 67, 68, 105, 135
進路指導 30, 64, 69-74, 76-82, 131, 150, 151, 154, 155
進路変更 53, 59, 64-71, 73, 74, 77-79, 81, 82, 131, 137, 154
スタロポリ 160
政策提言 37, 109, 164-167
全学契約 98-100, 105, 107, 125, 167
全体報告書 11, 12, 27, 32, 37, 47, 63, 82, 89, 120, 142, 146, 156, 157, 163-165, 168
専門委員 11, 15, 39, 41, 42, 114, 157, 160

た

第1期課程 21, 26, 37, 47, 49-56, 58-64, 66, 67, 69-72, 75-80, 82-84, 87, 131, 134, 136, 137, 143, 146-148, 153-155, 163
大学改善 2, 4-7, 9-12, 15, 17-19, 28, 29, 88, 107, 112, 118, 120, 123, 158-160, 162, 163, 165, 166, 170, 172
大学2000年計画 48, 50, 63, 152
大学の自治 13, 28, 29, 41, 113, 160
大学の自律性 41, 42

184

索 引

第三者評価　3, 6, 8, 10, 18, 42
『大衆的高等教育』　142, 146, 153, 154, 156
「対話」　14, 40, 96, 113, 117, 125, 134, 138, 139, 163
対話の精神　38-40, 96, 112, 138, 139, 161, 163, 165, 166, 169
短期高等教育機関　20, 22, 51-53, 56, 58, 67, 69
チューター　64, 71-73, 78-81, 136
中途退学　54, 64
追跡調査　119, 121, 123-128, 130, 131, 133, 134, 136-139, 162, 163, 169, 172
テーマ別報告書　11, 12, 120, 142, 143, 149, 150, 153, 156, 157, 164, 168
ドクター　21

な

内部評価　3, 11, 37, 41, 42, 77, 81, 98, 114, 117, 125, 159, 163
「ねじれ現象」　51, 56, 83, 153

は

博士教育センター　93, 96, 106
バカロレア　48-56, 62, 66, 69-71, 74, 76, 83, 92, 131, 134, 136, 150-152, 155
派遣団　32, 38, 125, 138
ピア・レビュー　37, 41, 160
評価の寛大さ　110, 119, 121, 169
**評議会　80, 89-92, 132, 150, 152
フォール法　30, 56
不合格　54, 64, 72, 75, 153
訪問調査　37, 40, 123

ま

マスター　21, 135
ミュスラン　17, 107
メトリーズ　21, 58, 59, 63, 70, 78, 148, 149
免状　21, 22, 48, 50, 54, 58-60, 62, 64, 77, 92, 133, 135, 143, 149-152
『免状取得者の生成』　143, 146, 149
モジュール　60, 61, 65-67, 71, 72, 81, 82

や

予算配分　4, 6-8, 99, 160, 170

ら

ランキング　7, 107, 141
離学　25, 26, 48, 50, 53, 54, 64
リサンス　21, 48, 53, 58, 59, 63, 70, 72, 73, 78, 94, 132, 133, 135, 155

AERES　19
BTS　22
CNE の組織及び運営に関する政令　29, 31, 42
CNRS　26, 83
CPGE　20, 23, 49-52, 54, 66, 79
CROUS　131, 132, 144
DEA　21, 59, 95, 96, 135, 148
DESS　22, 59, 132, 135
DEUG　21, 22, 48, 50, 53-55, 59, 61-63, 66, 70, 73, 78, 79, 131, 148, 155
DEUST　21, 48, 60
DNTS　22
DUT　22
IUFM　21, 33, 90, 93, 94, 101, 102, 104, 131, 133, 135
IUP　21, 58, 61, 132, 135
IUT　22, 48, 49, 51, 52, 54, 57, 58, 69-71, 76, 77, 79, 81, 83, 90, 132, 133
LMD 制　20, 21, 98, 135
OECD　13, 14, 28
STS　22, 51, 52, 54, 58, 69-71, 77, 79, 83, 131
UFR　111, 148, 149

1989 年 7 月 10 日付法律　29, 42
92 年省令　63-66, 71, 78, 81, 84
95 年報告書　71, 78, 81, 82, 142, 146
97 年省令　78, 80-82
05 年報告書　144, 156

＊高等教育法は 1984 年のもの　＊＊学内組織の評議会のみ

著者紹介

服部　憲児（はっとり　けんじ）
大阪大学大学教育実践センター・准教授
博士（教育学）専門は、教育行政学、教育制度学、高等教育論
1967（昭42）年、岡山県生まれ
著書、論文に、『大学を変える、学生が変える』（ナカニシヤ出版、2012年、共著）、『高等教育論入門』（ミネルヴァ書房、2010年、共著）、『教育基本法から見る日本の教育と制度』（協同出版、2008年、共著）、"Educational System and Administration in Japan"（協同出版、1999年、共著）、「フランスにおける個別大学の改革に対する大学評価の活用に関する研究」『教育行財政研究』第33号（2006年）、「フランスの大学における評議会の学外構成員に関する研究」『フランス教育学会紀要』第13号（2001年）。

フランスCNEによる大学評価の研究

2012年2月23日　初版第1刷発行　　　　［検印廃止］

　　著　者　服部　憲児

　　発行所　大阪大学出版会
　　　　　　代表者　三成賢次
　　　　　〒565-0871　吹田市山田丘2-7
　　　　　　　　　　大阪大学ウエストフロント
　　　　　電話（代表）06-6877-1614
　　　　　FAX　　　06-6877-1617
　　　　　URL　　　http://www.osaka-up.or.jp

　　印刷・製本所　株式会社　遊文舎

ⒸKenji HATTORI 2012　　　　　　　　　　Printed in Japan
ISBN978-4-87259-397-6 C3037

Ⓡ〈日本複写権センター委託出版物〉
本書を無断で複写複製（コピー）することは、著作権法上の例外を除き、禁じられています。本書をコピーされる場合は、事前に日本複写権センター（JRRC）の承諾を受けてください。
　JRRC〈http://www.jrrc.or.jp　eメール：info@jrrc.or.jp　電話：03-3401-2382〉